LE CINÉMA BRÉSILIEN

DU *CINEMA NOVO* À LA *RETOMADA*

1955-1999

AudioVisuel Et Communication

Collection dirigée par Bernard Leconte

« CHAMPS VISUELS » et le CIRCAV GERICO (université de Lille 3) s'associent pour présenter la collection AudioVisuel Et Communication (AVEC).
La nomination de cette collection a été retenue afin que ce lieu d'écriture offre un espace de liberté le plus large possible à de jeunes chercheurs ou à des chercheurs confirmés s'interrogeant sur le contenu du syntagme figé de « communication audiovisuelle », concept ambigu s'il en est, car si « l'audiovisuel » – et il faut entendre ici ce mot en son sens le plus étendu, celui de Christian Metz, qui inclut en son champ des langages qui ne sont ni *audios* (comme la peinture, la photographie, le photo roman ou la bande dessinée), ni *visuels* (comme la radio) – est, on le sait, monodirectionnel contrairement à ce que tente de nous faire croire ce que l'on peut nommer « l'idéologie interactive », la communication implique obligatoirement un aspect multipolaire...

Dernières parutions

Erika THOMAS, *Ken Loach : Cinéma et société*, 2008.
Philippe GAUTHIER, *Le montage alterné avant Griffith*, 2008.
Jean-Jacques LEDOS, *L'Âge d'or de la télévision, 1945-1975*, 2007.
Jean-claude MARI, *Quand le film se fait musique*, 2007.
Yves ALCAÏS, *L'Atelier selon Luc – Réflexions et scènes de vie d'un peintre contemporain*, 2006.
Michel CHANDELIER, *Élection cinématographique. Le Président des États-Unis vu par Hollywood*, 2006.
Jean-Max MÉJEAN (dir.), *Woody dans tous ses états*, 2006.
Jean-Max MÉJEAN (dir.), *Comment parler de cinéma ?*,2005.
Yannick LEBTAHI et Isabelle ROUSSEL-GILLET, *Pour une méthode d'investigation du cinéma de Laurent Cantet*, 2005.
Jacques DEMORGON, *Le sport dans le devenir des sociétés*, 2005.
Yvonne MIGNOT-LEFEBVRE, *Communication et autonomie*, 2005.
Bernard LECONTE, *L'image et le corps*, 2004.
Virginie SPIES, *La télévision dans le miroir*, 2004.
Jocelyne BEGUERY, *Entre voir et dire : Image de l'Art à l'adresse des enfants*, 2003.
Érika THOMAS, *Les Télénovelas entre fiction et réalité*, 2003.
Françoise SOURY LIGIER, « *Parle petit, la télé t'écoute ! : Le rôle de la télévision dans le langage des jeunes enfants à l'école maternelle*, 2002.

Erika THOMAS

LE CINÉMA BRÉSILIEN

DU *CINEMA NOVO* À LA *RETOMADA*

1955-1999

L'Harmattan

En couverture : *Le rêve du paysan*, Erika Thomas, 1991.

5-7, rue de l'Ecole polytechnique ; 75005 Paris

http://www.librairieharmattan.com
diffusion.harmattan@wanadoo.fr
harmattan1@wanadoo.fr

ISBN : 978-2-296-09297-6
EAN : 9782296092976

« Quel mauvais rôle tu joues Teodoro !
A quoi ça t'a servi de tant étudier, de tant apprendre ?
Tu ne savais donc pas que personne ne réussit à fuir... ? »
O Cangaceiro (Anibal Massaini Neto, 1996)

INTRODUCTION

Ruptures et renaissances du cinéma brésilien

L'histoire du cinéma brésilien est ponctuée de ruptures et de renaissances très marquées. Les premières furent le fruit d'avancées technologiques – comme l'avènement du parlant – de crises économiques – comme les années de guerre et d'après-guerre – ou encore de contextes politico-culturels propres au Brésil – comme la suppression du seul organisme d'aide à la production cinématographique et de la loi de protection en matière d'audiovisuel décidée par le président Collor à son arrivée au pouvoir en 1990. Les renaissances prirent souvent figure de tentatives laborieuses pour accéder à un style propre et particulier au travers duquel le cinéma brésilien pourrait s'exprimer. C'est essentiellement avec le *cinema novo* que cette ambition se trouve réalisée. L'authentique précurseur de ce mouvement est Nelson Pereira dos Santos (Ramos et Miranda, 2000). La censure de son film *Rio 40°* (1955) marque l'avènement d'une réflexion autour des réussites et impasses du cinéma brésilien ainsi que l'émergence de la volonté de faire du cinéma un instrument du changement social. Ce désir de changement s'inscrit au cœur d'une époque qui le porte en elle et au cœur d'un continent en effervescence. Toute une génération issue des ciné-clubs et des mouvements étudiants, découvre au début des années soixante, les premières images du néoréalisme italien et s'inspire de cette expérience italienne de l'après-guerre pour développer une thématique brésilienne s'articulant d'abord autour de l'homme brésilien – l'homme du peuple – et une région qui se veut la métaphore du Brésil – le Nordeste – pour dénoncer sous-développement et misère sociale. Ce faisant, le *cinema novo* prend le relais de la littérature des années trente et adopte la vision critique propre aux romans régionalistes du Nordeste. Ce cinéma se constitue en mouvement et dure une dizaine d'années. Il s'impose à l'opinion internationale à partir de 1964, avec la présentation à Cannes de *Deus e o Diabo na*

Terra do Sol[1] (1963) de Glauber Rocha, *Vidas Secas* (1963) de Nelson Pereira dos Santos et *Ganga Zumba* (1963) de Carlos Diegues. Cette même année, Ruy Guerra remporte un prix au Festival de Berlin pour son film *Os fuzis* (1963). Bien que n'ayant pas constitué une école esthétique, le *cinema novo* peut se caractériser par l'adoption de formes baroques et lyriques pour traiter, dans sa phase la plus féconde, les thèmes s'articulant autour de la mythologie du *sertão* et du Nordeste brésilien : le soleil de plomb, les terres sèches et craquelantes des habitants affamés oscillant entre mystique et violence. La fin du *cinema novo* n'est pas aisément identifiable. Cependant, dès l'installation de la dictature militaire en 1964, ce mouvement mène une réflexion critique autour des illusions du populisme. Cette réflexion est visible au travers de films comme *O Desafio* (1965) de P.C. Saraceni ou encore *Terra em Transe* (1967) de G. Rocha. *Macunaïma* (1969) de J. P. de Andrade ou *Como era Gostoso meu Françês* (1971) illustrent alors un nouveau chemin que prend le *cinema novo*, qui revisite alors la construction de l'identité nationale ou la vision de romantisme du monde indien. Au tout début des années soixante-dix, le *cinema marginal* – représenté dans le corpus que nous avons retenu par *Matou a Familia e Foi ao Cinema* (1969) de J. Bressane – adopte l'idéologie de la contre-culture importée des Etats-Unis qui va être à l'origine d'exercices de style sur la violence et l'agonie existentielle comme fondements d'univers alternatifs. Au cours des années soixante-dix et quatre-vingts, dans l'ensemble de l'importante production cinématographique, et au cours desquelles les interrogations sur la situation brésilienne sont censurées, les adaptations littéraires ou reconstitutions historiques vont être privilégiées par les réalisateurs non désireux de réaliser des *pornochanchadas*[2]. *São Bernardo* (1972) de L. Hirszman, *Dona Flor e seus Dois Maridos* (1976) de B. Barreto ou encore *Xica da Silva* (1976) et *Quilombo* (1984) de C. Diegues font partie de ces films. Derrière l'adaptation, le

[1] Nous adopterons pour cette recherche le titre original des films, beaucoup d'entre les films de notre corpus n'en disposant pas d'autre.
[2] Comédies érotiques des années soixante-dix et quatre-vingts.

questionnement sur la réalité brésilienne des années de privation de liberté et de censure est bel et bien présent au travers du destin de maints personnages ou des caractéristiques situationnelles.

Au début des années quatre-vingt-dix, Fernando Collor – premier président brésilien à être élu au suffrage universel après vingt années de dictature militaire – décide de supprimer Embrafilme ainsi que la loi de protection de l'audiovisuel. La production cinématographique, luttant déjà avec bien des difficultés entame une chute vertigineuse pour tomber à zéro film produit en 1991 et 1992. Deux ans après son élection, Collor est destitué pour corruption. En 1993, l'année suivante, Riofilme, un organisme ayant pour vocation de départ de distribuer la production, est créé et finit par remplir le rôle d'aide à la production. Parallèlement à la création de Riofilme, une loi permettant aux entreprises de verser une partie de leurs bénéfices à la production cinématographique voit le jour. Ces facteurs vont être décisifs pour la reprise du cinéma brésilien et favoriseront l'arrivée de réalisateurs et techniciens venus de secteurs voisins à celui du cinéma et moins affectés par les années de crise, comme le théâtre, la musique, la vidéo. Ces nouveaux venus vont apporter une conception originale en matière de cinéma. Un nouveau cinéma brésilien peut alors émerger : c'est le début de la *retomada*. Depuis la reprise, deux phases peuvent être distinguées (Matos, 1998) : la première est constituée de films réalisés entre 1994 et 1996 ayant pour principal objectif de rechercher l'apport financier le plus sûr possible permettant d'élaborer une stratégie de survie pour le cinéma brésilien et d'assurer une rentabilité économique à des sujets nationaux. Des films comme *Carlota Joaquina* (1994) de Carla Camurati, *O Quatrilho* (1995) de Fabio Barreto, font partie de cette première phase. Celle-ci va préparer le terrain de la deuxième au cours de laquelle l'émergence d'un cinéma plus enclin à prendre des risques peut devenir effective dès 1997. *Baile Perfumado* (1997) de Caldas et Ferreira ou *Ação entre Amigos* (1998) de Brant, sont représentatifs de cette phase où, d'un point de vue purement formel, la caméra est mise en mouvement, en déséquilibre, où la fiction se mêle au documentaire, où l'image cinématographique est travaillée voire altérée et où le temps brise sa linéarité et force le spectateur à le percevoir comme un puzzle à reconstituer.

L'identité en question

Qu'en est-il de la question de l'identité dans le cadre de ces dernières années ? Quelles identités, plus subtilement instillées dans les œuvres et sur les écrans, peut-on saisir au travers de cette cinématographie qui est passée de la nécessité explicite de se définir – en particulier au moment du *cinema novo* – au désir implicite de se reconnaître ? Le concept d'identité se trouve au carrefour de nombreuses disciplines et au carrefour des différentes orientations disciplinaires : qu'il s'agisse d'anthropologie, de psychologie génétique, de psychanalyse, de philosophie, il est acquis que l'identité relève d'une construction sociale cognitive indissociable de la conscience d'autrui et résultante des rapports que l'homme a avec autrui et avec le monde.

Dans la perspective psychanalytique, c'est à Erikson que reviennent la réflexion et l'élaboration d'une théorie de l'identité étayée par la notion freudienne d'identification, construite à partir des crises que rencontre l'individu de l'enfance à la maturité, faisant de l'identité le lieu d'intégration des normes sociales – le rapprochant ainsi du Surmoi – et par conséquent le fruit de la socialisation (Erikson, 1976). Elle est le résultat de répudiations sélectives et d'assimilations mutuelles des identifications de l'enfant.

D'un point de vue sociologique le concept d'identité a surtout été étudié à partir de deux principaux courants : le courant dialectique et le courant fonctionnaliste. Le premier s'inspire des concepts marxistes définissant l'identité comme intériorisation des valeurs d'une société dans un rapport d'aliénation à l'ordre social qui impose au sujet une place particulière, l'empêche de saisir un savoir sur lui-même et sur les réels rapports de domination dans les règles du jeu social. Dans ce sens, l'identité impose au sujet ce qu'il doit être et les conduites qui sont attendues de sa part, étant donnée la place qu'il occupe. Dans cette perspective, l'identité est une *fausse identité* imposée par le système social. Seuls les conflits et les luttes sociales ayant pour objectif de dégager l'individu de ce système imposé peuvent établir la véritable identité de l'individu, celle-ci se réalisant à travers une dialectique conflictuelle des rapports sociaux (Touraine, 1974). Le courant fonctionnaliste s'intéresse, quant à lui, à l'identité en tant que produit de l'interaction entre la conscience individuelle et la structure sociale ainsi qu'en tant que reflet d'un consensus social. La société fait émerger des « identité-types » données comme modèles de conduite sociale réalisant les comportements adéquats que la société attend de ses membres. Dans cette perspective, la construction de l'identité est le produit de l'interaction entre la conscience individuelle et la structure sociale. Elle est le reflet d'une société exprimée par des individus adaptés au système.

L'anthropologie, et le courant culturaliste en particulier, va analyser l'influence de la culture sur la personnalité et sa construction identitaire, et faire de la diversité des cultures un objet de recherche pour penser l'homme dans ses interactions avec le collectif. De nombreux anthropologues vont amorcer ainsi une analyse des déterminations culturelles des comportements individuels. Dans le prolongement du culturalisme, le concept d'identité ethnique – concept qui peut porter à confusion – a émergé vers la fin des années cinquante parmi les anthropologues travaillant en Afrique et en Asie du Sud-Est dans un contexte de décolonisation et de revendication d'indépendance. Nous retiendrons de ce concept qu'il n'est qu'une *réponse identitaire stratégique* en situation de contraintes, conflits et rapport de force.

La psychologie sociale, synthétisant les apports de la psychologie, de la sociologie et de l'anthropologie va, dès ses débuts, s'intéresser à l'articulation de l'individuel et du collectif. La notion d'identité sociale, transversale aux différents champs de recherche de cette discipline (l'étude des interactions humaines inter et intra-groupe, la cognition sociale, les représentations sociales et l'attitude, la communication et l'influence sociale) vise à « situer d'emblée le phénomène identitaire à l'endroit même du lien social, là où se noue le fonctionnement du sujet et celui du groupe » (Chauchat, Durand-Delvigne, 1999). C'est alors l'étude et l'analyse des représentations qu'un individu a de lui-même et d'autrui ainsi que des représentations des différents groupes auxquels il appartient qui nous permet d'aborder l'identité.

Corpus et limite de la recherche

Cette recherche s'appuie sur quarante-cinq films réalisés de la moitié des années cinquante à la fin des années quatre-vingt-dix et s'attache à analyser le surgissement et la récurrence de la figure de l'étranger, figure radicale de l'Autre, et du rapport à l'altérité au sein des constructions identitaires dans un ensemble de films rendant compte de la diversité du cinéma brésilien dans les limites de deux époques importantes, tant au niveau national qu'international, pour cette cinématographie : le *cinema novo* des années soixante – dont le film *Rio 40°* (N. Pereira dos Santos 1955) assure la paternité – et *la retomada* des années quatre-vingt dix marquée par la renaissance d'un cinéma qui était à l'agonie. A l'intérieur de ces limites temporelles nous avons trouvé un dénominateur commun à l'ensemble de la cinématographie brésilienne : le questionnement sur l'identité brésilienne et sur ce qu'est le Brésil. C'est à l'intérieur de ce territoire commun que s'enracine notre recherche. Nous envisagerons, tout d'abord, la dimension différenciatrice entre moi et autrui habitant la figure de l'Autre, que celui-ci se définisse par des critères géographiques ou psychosociaux. Puis, nous envisagerons la dimension intégrative de l'Autre en considérant les rapports entre le sujet et le groupe. Il s'agira alors de dégager la construction de l'identité collective au travers de la représentation de la rencontre entre l'Indien, le Blanc et le Noir.

Conventions de notation et films retenus

Nous avons choisi de conserver au sein de cette recherche les titres originaux des films de notre corpus. En annexe, un tableau reprend l'ensemble des synopsis du corpus et mentionne les titres en français lorsqu'ils existent ou sont différents du titre original. Indiquons enfin les films sur lesquels s'étaye cette recherche :

Rio 40° (Nelson Pereira dos Santos, 1955), *Rio Zona Norte* (Nelson Pereira Dos Santos, 1957), *Vidas secas* (titre français : *Sécheresse*, Nelson Pereira Dos Santos, 1963) *Deus e o diabo na terra do sol*. (titre français : *Le dieu noir et le diable blond*, Glauber Rocha, 1963), *Os fuzis* (titre français : *Les fusils*, Ruy Guerra, 1963) , *O desafio* (titre français : *Le Défi,* Paulo Cezar Saraceni, 1965), *Menino do engenho* (titre français : *L'enfant de la plantation*, Walter Lima Junior, 1965), *A falecida* (Leon Hirszman, 1965) *El justiceiro* (Nelson Pereira Dos Santos, 1967), *Terra em transe* (titre français : *Terre en Transe*, Glauber Rocha, 1967), *O dragão da maldade contra o santo guerreiro* (titre français : *Antonio das Mortes*, Glauber Rocha, 1969), *Macunaïma* (Joaquim Pedro de Andrade, 1969), *Matou A Familia E Foi Ao Cinema* (titre français : *Il tue sa famille et va au cinéma*, Julio Bressanc, 1969), *Como Era Gostoso Meu Frances* (titre français : *Qu'il était bon mon petit Français*, Nelson Pereira Dos Santos, 1971), São Bernardo (Leon Hirszman, 1972) *Joana Francesa* (titre français : *Jeanne la Française*, Carlos Diegues, 1973) *Amuleto De Ogum* (titre français : *L'amulette d'Ogum*, Nelson Pereira Dos Santos, 1974), *Iracema Uma Transa Amazonica* (titre français : *Iracema*, Jorge Bodanski, 1974), *Dona Flor E Seus Dois Maridos* (titre français : *Dona Flor et ses deux maris*, Bruno Barreto, 1976), *Xica Da Silva* (Carlos Diegues. 1976), *Na Estrada Da Vida* (Nelson Pereira Dos Santos, 1980) *Gabriela* (Bruno Barreto, 1982), *Beijo Da Mulher Aranha* (titre français : *Le baiser de la femme araignée*, Hector Babenco, 1984) *Quilombo* (Carlos Diegues, 1984), *A Opera Do Malandro* (Ruy Guerra, 1986) *Um Trem Para As Estrelas* (titre français : *Rio Zone*, Carlos Diegues, 1987), *Lamarca* (Sergio Rezende, 1994), *Carlota Joaquina* (Carla Camurati, 1994), *Alma Corsaria* (titre français : *Ame Corsaire*, Carlos Reichenbach, 1994), *Sabado* (Ugo Giorgetti, 1995), *O Quatrilho* (Fabio Barreto, 1995), *Cinema De Lagrimas* (titre français : *Cinéma des larmes*, Nelson Pereira Dos Santos, 1995), *Terra Estrangeira*_(titre français : *Terre lointaine*, Walter Salles et Daniela Thomas, 1995), *Tieta Do Agreste* (titre français : Tieta du Brésil, Carlos Diegues, 1996), *Corisco E Dada* (Rosemberg Cariry, 1996) *O Cangaceiro* (Anibal Massaini Neto, 1997), *Os Matadores*, (Beto Brant, 1997), *A Ostra E O Vento* (titre français : *l'huître et le vent*, Walter Lima Junior, 1997), *O Que E Isso Companheiro* (*Four Days in September*, Bruno Barreto, 1997), *Baile Perfurmado* (titre français : *Bal Parfumé,* Lirio Ferreira et Paulo Caldas, 1997), *Acão Entre Amigos* (titre français : *l'engagement*, Beto Brant, 1998), *Central do Brasil,* (Walter Salles, 1998), *Minuit* (Walter Salles et Daniel Thomas,1998), *Orfeu* (Carlos Diegues, 1998), *Hans Staden* (Luiz Alberto Pereira, 1999).

REFERENCES BIBLIOGRAPHIQUES

Hélène CHAUCHAT, « Du fondement social de l'identité du sujet » *in* Hélène CHAUCHAT, Annick.DURAND.
DELVIGNE (dir.) *De l'identité du sujet au lien social,* P.U.F. Paris, 1999.
Emile DURKHEIM *Textes*, Edition de Minuit, Paris, 1975, vol 2, Religion, Morale, Anomie et Vol 3, Fonctions sociales et institutions.
Erick ERICKSON, *Enfance et Société,* Delachaux & Niestlé, Paris-Neuchâtel, 1976.
Carlos Antonio MATTOS, « Signes de vie » in *Cinéma d'Amérique Latine N°6*, Presse Universitaire du Mirail, Toulouse, 1998 p.51-57.
Fernando RAMOS et Luiz Felipe MIRANDA (dir.) *Enciclopedia do Cinema Brasileiro,* Editora Sanac, São Paulo, 2000.
Gabriel de TARDE *L'Opinion et la foule*, PUF, Paris, 1989.
Alain TOURAINE, *Pour la sociologie*, Le Seuil, Paris, 1974.

PREMIÈRE PARTIE
L'AUTRE COMME EXPRESSION DE DIFFÉRENTIATION IDENTITAIRE

CHAPITRE 1
FIGURE DU LOINTAIN : L'ÉTRANGER AU SENS GÉOGRAPHIQUE

Le critère géographique n'est qu'un critère parmi d'autres permettant de définir l'étrangeté d'un personnage par rapport à un espace de référence donné. Ce critère initial va nous permettre d'étudier l'étranger – l'Autre – par rapport à un éventail de modalités plus larges et surtout d'établir un lien entre *l'étranger au sens géographique* et *l'étranger au sens psychosocial.* C'est par le biais d'une réflexion sur l'appartenance aux groupes minoritaires que nous entendons parvenir à l'établissement de ce lien. Parce qu'appartenir à un groupe minoritaire – qu'il soit un groupe national ou social – au cœur d'une société, c'est être d'emblée dans la situation d'étrangeté par rapport à une norme dominante de cette société. Cette appartenance est, vue de l'intérieur mais aussi de l'extérieur du groupe, indicatrice d'une différentiation identitaire. Nous pourrions dire que cet Autre – géographique ou social – est celui par lequel peut être saisie ou ressentie, de façon immédiate, une frontière le séparant de moi et le différentiant des autres. C'est précisément de la représentation de l'étrangeté de certains personnages et de la fonction qu'ils assument au sein des films dans lesquels ils se trouvent, qu'il sera question dans cette partie.

Pour ce faire, commençons par rappeler quelques définitions premières : le concept d'étranger est un concept vaste, qui englobe différentes définitions : l'étranger est celui qui est d'une autre nation, qui a rapport à un autre pays ; celui qui ne fait pas partie d'un groupe ou d'une famille ; ce qui n'est pas connu ou familier – ainsi, une voix qui m'est étrangère, une situation inconnue –. Le sens historique et étymologique du terme le fait apparaître comme « d'un autre pays » – au XIVe siècle – pour s'élargir à « qui n'est pas connu, qui n'est pas familier, sans rapport avec » – à partir du

XVIIe siècle –. Nous le saisissons au travers de ces définitions, l'étranger est le lointain ou le proche.

L'étranger sera ici la figure du *lointain* et il s'agira d'envisager le Brésil comme espace géographique de référence, et de tenter de comprendre comment se forgent les représentations et significations d'autres appartenances nationales dans le cinéma brésilien. Quelle place occupe l'étranger ainsi défini au sein de notre corpus ? Quelles analyses permettent l'observation de sa présence ? Pour répondre à ces questions nous pouvons commencer tout d'abord par relever, au sein de notre corpus, l'ensemble des différents éléments que nous tenons pour significatifs : les personnages étrangers, les langues étrangères et les pays étrangers. Ce faisant, nous serons conduits à écarter de cette analyse les films ne possédant pas de référence à l'étranger ainsi défini. Notons-le d'emblée, relever cette présence étrangère à l'intérieur du corpus n'est pas suffisant. Il nous faut également distinguer le degré de cette présence. En effet, un personnage principal étranger est autre chose qu'un figurant qui bredouille quelques mots étrangers, un pays étranger comme décor d'un film est autre chose qu'un pays étranger uniquement évoqué dans la bouche d'un des personnages ; ils risquent de ne pas avoir le même impact quant à l'analyse de cette présence étrangère. En procédant à une analyse plus fine, nous pouvons établir ce que recouvrent ces étrangers – en tant que personnages ou espaces – et surtout de quelles significations et fonctions ceux-ci se trouvent être porteurs.

I. Les personnages

A. La parole : discours, bribes et silences

Deux groupes émergent lorsque nous considérons les personnages étrangers ayant accès à la parole. Un premier groupe est constitué de ceux qui se trouvent dans un rapport de pouvoir et domination d'autrui – pouvoir pouvant aller jusqu'à son anéantissement – et un deuxième groupe, moins nombreux, est constitué de ceux qui sont dans un rapport de protection et mise en valeur d'autrui et grâce auxquels va être permis un sursis ou un retardement de la mort. Les films *Xica da Silva, Gabriela, O Beijo da Mulher Aranha Quilombo, A Opera do Malandro, Carlota Joaquina, Alma Corsaria, O Quatrilho, Terra Estrangeira, Os Matadores, O Que é Isso companheiro* et *Baile Perfumado* nous donnent l'illustration de ce rapport à l'autre établi par l'étranger Portugais, Italo-Arabe, Espagnol, Angolais, Chinois, Libanais, Allemand, Paraguayen, Américain, Ecossais ou Italien.

Remarquons, sur les personnages du premier groupe – celui qui est dans un rapport de pouvoir par rapport à autrui –, quelques points importants :

En considérant le rapport de domination à la lumière de données socio-historiques, nous remarquons, en premier lieu, le traitement donné à la domination coloniale portugaise d'hier et la domination économique américaine d'aujourd'hui vis-a-vis du Brésil et une volonté de s'inscrire dans un renversement de celles-ci. Nous constatons que la domination économique américaine est représentée par l'ambassadeur Elbrick et son statut d'otage durant les quatre jours de septembre dans le film *O Que é Isso Companheiro ?* La domination portugaise l'est au travers des films qui reconstituent une certaine vision de l'Histoire appréhendée avec ironie et irrévérence ; en effet, la princesse Carlota et le roi Dom João (*Carlota Joaquina*) sont ridiculisés tout comme l'est Dona Olimpia (Quilombo) ainsi que le contrôleur des finances Valladares et, dans une moindre mesure, J.Fernandes (*Xica da Silva*). De cette domination d'hier, il ne reste aujourd'hui que les vaines menaces proférées par un Portugais à la recherche de Paco (*Terra Estrangeira*) vis-a-vis d'un Angolais où Guinéen qui lui rappelle très irrévérencieux que les temps ont changé. Il est possible que le rapport protecteur de Loli à Paco, dans ce même film, traduise également un renversement de la domination portugaise, car comme Paco le Brésilien, Loli l'Angolais est un ancien colonisé, un frère qui comme lui erre au Portugal. En deuxième lieu et indépendamment des nationalités que nous venons de considérer, remarquons également, par rapport aux personnages de ce groupe de « dominants » et à l'idée de renversement de situation, que l'ensemble des personnages de ce groupe subit, pour la plupart d'entre eux, un renversement de situation : J. Fernandes (*Xica da Silva*) va devoir rendre des comptes à la cour et c'est en prisonnier qu'il quitte Tijuco ; Nacib (*Gabriela*) va revoir ses positions extrémistes, lui qui se dit prêt à découper la femme qui lui serait infidèle, lorsqu'il sera trompé par Gabriela. Les esclaves du Pernambuco (*Quilombo*) vont créer leur *quilombo* et narguer ainsi le pouvoir de leurs maîtres. Strudel (*Um Trem para as Estrelas*) fera alliance avec le pro-américain Max grâce au mariage de sa fille avec celui-ci. Carlota (*Carlota Joaquina*) sera exilée et condamnée au sein de sa propre cour. Mucio (*Os Matadores*) le tueur à gage sera tué par un autre tueur et l'ambassadeur Américain (*O Que é Isso Companheiro ?*), dominé à son tour, se questionnera sur les liens entre révolution et service diplomatique.

Si nous regardons maintenant le groupe de personnages étrangers établissant un rapport de protection vis-a-vis d'autrui, soulignons que Pedro (*Terra Estrangeira*), le Portugais, est dans ce film assimilé au poète Fernando Pessoa. Poète qui a développé dans ses écrits la thématique de « l'être étranger ». Dans ce sens, Pedro n'est pas un Portugais, il est un Portugais étranger à lui-même. Lui, comme les autres personnages – la mère espagnole de Paco dans ce même film, le Libanais (*Baile Perfumado*) et le Chinois (*A Opera do Malandro*) – représentent bien ce qui relie les hommes dans l'attitude de protection, à savoir, l'empathie : les frères, les poètes, les mères comme tous ceux qui ont quitté un pays en guerre ou miséreux vont adopter, vis-a-vis des autres, une relation solidaire et nourricière. Indépendamment des nationalités, remarquons également que les étrangers faisant partie de ce groupe, voué à protéger ou mettre en valeur autrui, ont un lien intime avec la mort : Benjamin Abrahão (*Baile Perfumado*) paie de sa vie le film qu'il réalise sur Lampião ; Pedro (*Terra Estrangeira*) va également mourir pour avoir aidé Paco et Alex à s'enfuir ; dans ce même film, Maria Eizaguirre, la mère de Paco, va également mourir après lui avoir fait l'injonction de retourner au pays ; toujours dans ce film,

Loli va mettre Paco en garde contre l'attitude qui consiste à évacuer l'idée de la mort ; enfin China, le Chinois (*Alma Corsaria*) est celui qui possède le langage de la vie, qui ouvre et ferme son bar où les morts se mêlent aux vivants, où la mort vient, en personne, chercher Torres, le malade.

Soulignons pour conclure que ces deux attitudes – domination et mort versus protection et vie – illustrent, au travers de ces personnages dans leur accès aux mots, les deux dimensions inhérentes à la parole humaine et intimement entrelacées dans leurs racines, à savoir, la dimension salvatrice et mortifère.

Parmi les personnages étrangers n'ayant pas accès aux mots, nous pouvons distinguer deux groupes également : le premier, très nombreux, est constitué d'évocation : l'étranger dont il est question est absent, il peut s'agir d'une référence à une illustre personnalité politique ou culturelle du passé mais aussi de quelqu'un qui n'existe qu'à travers la parole d'un protagoniste. Le second groupe, très peu nombreux, est constitué des étrangers présents physiquement dans la diégèse mais qui ne disent mot. Ces deux groupes ainsi constitués illustrent une fois de plus le pouvoir d'intégration de la parole. Car en effet, les personnages évoqués – ceux du premier groupe – et lorsqu'il s'agit de personnalités politiques ou artistiques, ne doivent cette forme d'immortalité qui les fait exister dans la mémoire collective dans laquelle puise le cinéma, que par la force d'une parole souvent exaltée et puissante, dangereuse ou bienfaisante, dont les échos nous parviennent toujours jusqu'à aujourd'hui : nous retrouvons dans ce groupe des artistes, écrivains, poètes et révolutionnaires évoqués ainsi que des hommes politiques. Le deuxième groupe nous éclaire un peu plus sur la puissance de la parole. En effet, ces étrangers présents et privés de parole, qui sont-ils ? Des hispano-américains sans papiers qui cherchent à travailler clandestinement au Brésil (*Iracema, uma Transa Amazonica*), une Indienne épouse d'un Européen qui fuit les affrontements et les quêtes de pouvoir (*Quilombo*), le cadavre d'un ancien SS dans un ascenseur (*Sabado*) ou encore des figurants du monde entier prêts à accueillir l'arrivée de la cour portugaise au Brésil (*Carlota Joaquina*). Comme nous pouvons le constater, les étrangers privés de parole sont des morts, un cadavre, des sans-papiers – et donc sans identité – des opprimés, des prêts à être assujettis.

B. Rôles sociaux

S'il est prématuré de décider quels stéréotypes recouvrent, pour le cinéma brésilien, les différentes nationalités étrangères – un corpus beaucoup plus important serait pour cela nécessaire – nous pouvons néanmoins dire quelques mots des corrélations qui apparaissent entre nationalités des personnages et leurs rôles sociaux.

- Les femmes espagnoles et françaises sont assez fréquemment associées au plaisir, au raffinement, à la marge. C'est ce que nous révèlent le travesti espagnol de *O Beijo da Mulher Aranha*, la prostituée espagnole de *Dona Flor e Seus Dois Maridos*, la Française joueuse et joyeuse au casino, les deux amantes françaises de ce même film, Joana, la directrice du Bordel de *Joana Francesa*. Tout comme le prénom français « Margot » de la prostituée du cabaret d'Hambourg de *A Opera do Malandro*, les bas français de la femme infidèle dans *Gabriela*, ou encore Carlota l'Espagnole et ses multiples amants dans *Carlota Joaquina* et, dans ce même film, Noémie, l'amante délaissée de Dom Pedro.
- Les hommes français sont souvent des amants, artistes et poètes. C'est en effet le plus souvent au sein d'un lien à l'amour et à la création artistique qu'émergent les Français de notre corpus de recherche. Qu'il s'agisse de références comme Debussy, Godard, Rimbaud, Verlaine dans *Alma Corsaria* ou de personnages d'amants et d'amoureux transits comme c'est le cas pour Ana Maria dans *El Justiceiro* ou pour Joana ou la baronne Dulce du film *Joana Francesa.*
- Les Arabes et les Portugais sont presque systématiquement associés au commerce et à l'argent : prenons comme exemple le commerçant portugais qui se croit volé de *Rio 40°* le commerçant portugais délateur *de O Que é Isso Companheiro ?* les contrebandiers portugais de *Terra Estrangeira*,

le roi portugais exploitant des richesses brésiliennes de *Carlota Joaquina*. Le colporteur libanais de *Baile Perfumado* ou encore *Corisco e Dada,* l'Arabe tenancier du bar de *Gabriela* ou le créancier de factures d'électricité dans *Rio 40°*.

- Les Allemands de notre corpus apparaissent souvent en rapport direct avec la seconde guerre mondiale : ainsi, le cadavre du SS dans *Sabado*, Strudel et son portrait d'Hitler dans ce même film ou encore les Allemands nazis de *O Beijo da Mulher Aranha* ou *A Opera do Malandro*.

C. Personnage étranger dans l'espace brésilien

Peu de films de notre corpus donnent un rôle d'importance à des personnages non brésiliens. Il est intéressant d'examiner le rapport de ces personnages, confrontés à leur étrangeté dans l'espace brésilien, au travers de leurs rapports au Brésil et à eux-mêmes. Pour certains de ces personnages étrangers, le Brésil n'est qu'une terre de transit où ils se trouvent en mission politique. D'autres possèdent une petite entreprise qui les amène à adopter le Brésil comme seconde patrie. D'autres enfin, travaillent pour leur compte ou pour le compte d'un particulier et se trouvent empêchés de rentrer chez eux. Au-delà de ces particularités, les discours sur soi qu'entretiennent les personnages étrangers au Brésil ont souvent une fonction de réaffirmation identitaire par une affirmation de ce qu'ils ne sont pas : le Français capturé par les Tupinambas dans *Como era Gostoso Meu Frances* n'est pas Portugais (*« Je ne suis pas Portugais, je suis Français »*), Nacib, du film *Gabriela*, n'est pas Turc (*« Je ne suis pas Turc »*) pas plus que Benjamin Abrahão dans *Baile Perfumado* (*« moi pas être Turc, moi être Libanais »*), China de *Alma Corsaria* n'est pas Coréen, Mucio de *Os Matadores* n'est pas Bolivien. Ceux-la et d'autres affirment : je ne suis pas. Cette observation a une grande importance, car d'une part, nous la retrouvons chez des personnages plus périphériques comme le blanchisseur Chinois qui précise à Max qu'il n'est pas Japonais dans *A Opera do Malandro* ou encore la prostituée Japonaise prise pour une Chinoise dans *Os Matadores*. D'autre part cette affirmation de soi par la négative va se retrouver, comme nous le verrons plus loin, chez l'étranger au sens le plus large (c'est-à-dire indépendamment de critères d'appartenance à un territoire géographique) faisant de l'étranger celui qui est sans cesse amené à se définir par rapport à ce qu'il n'est pas. Si l'étranger tient à son identité, celle-ci n'est que de peu d'importance pour autrui au regard du fait qu'il est Autre et un autre dont il faut se méfier ou qu'il faut « embobiner ».

Le Brésil, s'il n'est pas le pays de naissance, va être celui de la mort pour bon nombre de ces personnages étrangers. A coup sûr il va pour beaucoup être le lieu d'un renversement identitaire ou statutaire : Le Français, capturé par les indiens va être pendant quelques mois tout à fait acculturé puisqu'il va se coiffer, se vêtir, parler comme les Tupinambas et imaginer un ancêtre commun (*Como Era Gostoso Meu Frances*). Jeanne devient Joana et de tenancière de bordel elle va devenir gardienne de la morale avant d'adopter complètement Santa Rita et choisir d'y mourir certaine d'y être venue pour y accomplir un destin (*Joana Francesa*). João Fernandes, persuadé lui aussi de partir à la rencontre de son destin, venu pour mettre de l'ordre à Tijuco, va découvrir l'amour et devoir rendre des comptes à la Couronne qui l'avait délégué (*Xica da Si*lva). Nacib va devoir revoir ses positions sur les femmes brésiliennes qu'il dit trop découvertes et sur les femmes infidèles lorsqu'il sera amoureux de Gabriela qui le trompera (Gabriela). Strudel l'Allemand devra faire alliance en pleine guerre avec son ennemi Max, le pro-américaniste au travers du mariage de sa fille (*A Opera do Malandro*). Carlota, la princesse raciste qui dit avoir peur des Noirs va tomber folle amoureuse d'un Noir au point d'assassiner la femme de celui-ci lorsqu'il la délaissera (*Carlota Joaquina*). Les deux couples italiens de *O Quatrilho* vont changer de partenaires. Mucio, le tueur de *Os Matadores* va se faire tuer. Jamil Ibrahim va devenir Benjamin Abrahão dans *Baile Perfumado.* L'ambassadeur d'un pays dominant va être pris en otage dans O *Que é Isso Companheiro ?*

II. Les espaces étrangers

A. Pays étranger comme objet de discours

A travers les différents discours des personnages, nous voyons apparaître le lieu psychologique ou mental associé aux différents pays étrangers et nous pouvons constater qu'une frontière ténue sépare la fascination et le rejet que suscitent certains de ces pays, les plus présents dans l'histoire du Brésil (le Portugal colonisateur, l'Afrique des esclaves et les Etats-Unis de la domination politico-économique) simultanément vécu comme espace d'avenir meilleur et espace de menace et de souffrance, lieu du désir de retour ou de fuite.

Le Portugal est la terre mère, la terre d'accueil, d'enfermement et d'expulsion dans *Terra Estrangeira* la terre d'exil à partir de laquelle il faut quand même prendre la fuite dans ce même film et dans *Carlota Joaquina.*

L'Afrique est le lieu vers lequel veulent retourner certains esclaves de *Quilombo* ou des minorités mystiques de *O Dragão da Maldade contra o Santo Guerreiro* mais c'est un lieu de massacre pour leur descendance comme précise Loli l'Angolais de *Terra Estrangeira* : *« La moitié de mon pays a été massacrée »*.

Les Etats-Unis constituent pour Max (*A Opera do Malandro*), Dream (*Um Trem para as Estrelas*), Yves (*Cinema de Lagrimas*), la bande de Lucinho (*Orfeu)* le lieu de référence vers lequel tendre mais ils sont en même temps un lieu de morcellement pour Irene (*Central do Brasil*) : *« ils tuent les enfants pour enlever leurs organes »*, de conflits sociaux et de domination économique pour *Lamarca* Fernando (*O que é Isso Companheiro ?*).

B. Pays étranger comme espace géographique du film

Certains films, peu nombreux, font dérouler une partie de leur histoire à l'étranger, ces lieux prennent d'emblée une valeur psychologique pour les personnages qui les traversent. Trois cas se présentent dans cette catégorie : soit il s'agit de personnages brésiliens à l'étranger (*Lamarca, Cinema de Lagrimas, Terra Estrangeira*) ou encore de personnages étrangers à l'étranger comme c'est le cas de Carlota au Portugal et de l'Ecossais conteur en Ecosse (*Carlota Joaquina*), soit, enfin, de personnages étrangers – China le Chinois (*Alma Corsaria*) – ou Brésilien – Verinha (*Alma Corsaria*) – pour lesquels l'étranger – respectivement Hong Kong et Honululu – sont des espaces mentaux de souvenirs ou rêves retraduits en images cinématographiques et entrant par là même dans cette catégorie.

Pour le cas de Carlota Joaquina, l'Ecosse était le lieu du conte à partir duquel s'élabore l'histoire du Brésil, le Portugal va être pour l'héroïne un lieu de domination mais surtout de fuite et de rejet. Plus intéressante est l'analyse de l'interaction entre les personnages brésiliens installés dans un ailleurs géographique, et l'espace étranger dans lequel ils se trouvent. L'étranger – en tant qu'espace – est toujours associé à une quête vitale obscurément reliée à la figure maternelle : quête de la mère morte pour Rodrigo (*Cinema de Lagrimas*) et Paco (*Terra Estrangeira*), quête de la survie à la maladie pour Yves qui détient les explications des mythes latino-américains de la vierge et de la putain tels qu'ils se présentent au cinéma *(Cinema de Lagrimas),* quête de la conscience politique pour Lamarca après le choc provoqué par la vision d'une mère et ses deux enfants se débattant dans la misère (*Lamarca),* quête d'une vie meilleure auprès d'Alex et plus précisément sur son ventre pour Miguel et Paco (*Terra Estrangeira*). Une quête identitaire pour Alex qui incarne donc la figure maternelle tout en disant se sentir vieille, et en précisant à Paco qu'elle n'est pas sa mère.

L'analyse du discours sur soi et sur le Brésil chez les personnages brésiliens qui se trouvent à l'étranger se confond dans l'idée d'une rupture. Le Brésil est un lieu de déception ou l'espace d'un impossible retour dans la bouche des personnages, tout comme l'idée de ce qu'ils sont devenus dans l'espace étranger : d'une certaine façon des étrangers à eux-mêmes, des étrangers condamnés à être pour toujours exilés de ce qu'ils étaient auparavant. Mais qu'est la terre étrangère pour ces personnages ? L'étranger n'est jamais une terre d'adoption pour les personnages brésiliens mais toujours un lieu de transit. Même pour Miguel (*Terra Estrangeira*) qui pourtant y meurt, il convient de remarquer que juste avant sa mort il projette de quitter le Portugal pour partir avec Alex à travers l'Europe. En ce qui concerne Alex, qui pour se faire de l'argent a vendu son passeport et se trouve donc « enfermée » d'une certaine façon au Portugal, elle ira franchir de force le barrage de la douane pour gagner l'Espagne et y amener Paco. Les personnages sont contraints de regagner le Brésil (vis-a-vis duquel des sentiments ambigus peuvent coexister) ou partir vers un nouvel ailleurs et donc devenir des errants. Pour les personnages qui retournent au Brésil, l'étranger aura été l'occasion d'une révélation, sur la misérable condition des Hommes pour Lamarca, sur le sens de la vie et de la mort pour Rodrigo et Yves (*Cinema de Lagrimas*). L'espace étranger, la terre étrangère est le plus souvent le lieu d'un renversement identitaire. Cela était vrai pour les personnages étrangers au Brésil, ça l'est également pour les personnages Brésiliens à l'étranger. Les exemples sont nombreux : Lamarca (*Lamarca*) change son fusil d'épaule, Alex (*Terra Estrangeira*) devient cette étrangère à elle-même incarnant la problématique très personnelle du poète Fernando Pessoa ; le timide Paco dans ce même film devient contrebandier sans le savoir, et du gentil naïf il se transforme en celui qui est capable de tuer ; Rodrigo (*Cinema de Lagrimas*) redevient l'enfant qui pleure la mort de sa mère.

Mais alors que pour les étrangers le Brésil était une terre d'adoption et de continuelle réaffirmation identitaire, l'étranger est pour les Brésiliens un transit douloureux, évocateur de mort où ils se trouvent dans une certaine mesure dépossédés de ce qu'ils croyaient être, d'où peut-être la nécessité de fuir à nouveau ou de repartir au Brésil.

Qu'il s'agisse de films entièrement tournés à l'extérieur et évoquant précisément les liens du Brésilien avec l'étranger – comme dans *Terra Estrangeira* – qu'il s'agisse encore de films tournés à l'extérieur et racontés par l'étranger qui y imprime une vision de ce qu'est le Brésil – comme dans *Carlota Joaquina* – où qu'il s'agisse de films où une seule évocation discrète plonge les personnages confinés dans un espace clos à l'extérieur de cet espace – c'est le cas de *Minuit* où des espaces clos (prison, bidonville, beaux quartiers) se superposent et où la seule référence à l'étranger est faite par Chico qui, voyant arriver João, son silencieux et énigmatique ami condamné à le tuer, va le traiter de Samouraï – peu importe le degré de présence et de visibilité de l'étranger. Cela pour deux raisons, d'abord parce qu'au-delà de sa présence – discrète ou massive – c'est la signification dont il est porteur qui fait son importance : ainsi dans *O Desafio* le tableau Guernica de Picasso suspendu au-dessus du lit de Marcelo est un miroir en quelque sorte à l'affiche du film du Glauber Rocha *Deus e O Diabo na Terra do Sol,* accrochée au mur et contre laquelle va se tenir Ada qui se rhabille : comme Guernica, le Nordeste est une terre d'affrontements, comme dans le cubisme les visages y sont déformés par la faim, comme dans le tableau des enfants y meurent dans les bras de leurs mères. En un discret glissement de caméra, l'étranger cesse d'être un ailleurs pour devenir un ici brésilien et le cri de révolte – que Marcelo, déprimé par le coup d'état militaire, ne parvient plus à pousser – s'exprime sur les murs de sa chambre contenant les échos de Picasso et Rocha. Ce glissement entre l'ailleurs et l'ici est donné d'emblée dans *Terra em Transe* : l'Eldorado c'est le Brésil et le Brésil est n'importe quel pays d'Amérique Latine et l'Amérique Latine est n'importe quelle région du monde où les Compagnies d'Exploitation Internationale affament le peuple et étouffent sa voix. La deuxième raison découle en partie de la première : à travers ses multiples références, penser l'ailleurs est souvent une façon de penser l'ici et de là découle que le rapport à l'étranger est une des formes enfouies du rapport à soi, d'où l'importance de cesser de penser l'étranger au sens strictement géographique du concept et de réfléchir à ce qui peut faire de n'importe quel homme un étranger pour lui-même et pour autrui, et d'analyser le type de rapport pouvant en découler.

CHAPITRE 2
FIGURE DU PROCHE
L'ÉTRANGER AU SENS PSYCHOSOCIAL

S'il peut sembler évident de définir l'étrangeté à partir d'une perspective géographique – l'étranger étant alors, comme nous l'avons vu précédemment, celui qui vient d'un au-delà des frontières d'un espace de référence donné – plus complexe est sa définition à partir d'une perspective psychosociale et cela pour deux raisons essentielles. Tout d'abord parce que le territoire géographique se transforme – dans cette perspective – en territoire normatif avec tout ce que ce glissement d'un type de territoire à un autre suppose d'indéfini. L'étranger devient alors celui qui se situe au-delà des frontières des normes de conduite communément admises. De plus, et là réside toute l'ambiguïté de cette nouvelle définition de l'étranger, parce que cette situation d'être « en dehors » , « en marge » ou « à côté » est elle-même en lien intime avec cette norme manifeste et érigée en tant que telle. Elle en est peut-être le versant latent, le double en négatif, subie ou choisie par les « stigmatisés » (Goffman, 1975), ceux dont il sera question dans ce chapitre.

I. Errances sociales : de la non-appartenance à la transgression

La misère, le mode de vie et le statut particulier –esclaves, femmes, jeunes – sont les principales causes de l'exclusion ressentie comme telle ou déniée et conduisant à la soumission ou à la révolte. Deux groupes peuvent être distingués : d'une part les exclus, expulsés et déracinés, d'autre part les traqués, prisonniers et hors normes. Si la frontière entre ces deux est ténue, représentant parfois deux moments d'une même histoire, le rapport qu'ils établissent à l'espace est légèrement différent : les premiers s'installent dans un double territoire – l'actuel et celui qu'ils portent en eux, comme objet d'un désir ou du passé – les seconds tentent, le plus souvent par la transgression, de faire coïncider ces deux territoires.

A. Exclus, expulsés et déracinés

Parmi les différents éléments sous-tendant l'exclusion à l'intérieur de notre corpus de film, nous voyons tout d'abord apparaître la misère criante des habitants du bidonville, celle des habitants d'espaces délabrés, celle des nombreux habitants du *sertão*, celle des errants ou miséreux en tout genre. A cette misère s'ajoute parfois un mode de survie jugé condamnable, comme c'est le cas pour les prostituées de nombreux films. Mais le mode de vie peut à lui seul justifier l'exclusion dont souffrent les personnages : l'homosexualité de Molina (*O Beijo da Mulher Aranha*) Géni (*A Opera do Malandro*) Yves et Rodrigo (*Cinema de Lagrimas*) est présentée conjointement à une mise à l'écart : Molina est en prison, Géni n'est pas aimé de Max et bientôt sera tué par Tigrão, la pièce de Rodrigo est un échec total et Yves malade est exclu d'un système de soins convenable. Les esclaves sont également, par leur statut, exclus de la bonne société européenne. Les femmes libres comme Tieta (*Tieta*) ou Carlota (*Carlota Joaquina*) tout comme les couples illégitimes (*O Quatrilho*) seront eux aussi, pour des considérations morales, victimes d'une exclusion. Enfin, la jeunesse et ses rêves d'avenir dont Paco, Miguel et Alex (*Terra Estrangeira*) mais également Marcela (*A Ostra e o Vento*) sont les porteurs, vont également les exclure d'une société close, sans horizon et évocatrice de mort, dont l'île de Marcela est le symbole, tout comme la cabane de l'enfant débile, fruit d'un inceste et figure d'un avenir compromis dans le film *Joana Francesa.*

1°) Représentation spatiale de l'exclusion : délabrement, misère et traversée

Trois grands types de représentation spatiale de l'exclusion peuvent être observés au sein de notre corpus. Tout d'abord nous pouvons remarquer une mise en parallèle entre un lieu de délabrement ou de misère et un ailleurs rêvé, réel ou imaginaire, différent. C'est le cas du bidonville jouxtant la ville. L'exclusion sociale ressentie se double souvent alors de l'expulsion réelle d'un lieu. Dans *Rio 40°*, Waldomiro sera expulsé du stade de foot, Ascenas du point de vente de cacahouètes, Paulinho du Zoo et ainsi de suite. L'espace est donné comme un bien appartenant toujours à quelqu'un qui en assure jalousement la garde. L'Amazonie d'Iracema (*Iracema, uma transa Amazonica*) est cet espace visuel de délabrement des corps et des lieux mis en parallèle avec l'espace sonore des discours à la gloire du Brésil que formule Tião, espaces qui ne peuvent coïncider. De même, les divers films traitant de la sécheresse du Nordeste et de la misère de ses habitants les évoquent à la recherche de cet autre monde meilleur le plus souvent illusoire ou du moins très incertain : Fabiano et Vitoria (*Vidas Secas*) n'ont qu'un horizon de terres sèches, Manoel et Rosa (*Deus e o Diabo na Terra do Sol*) passent de la stérilité du désert du *sertão* à celle de la mer (Carneiro da Cunha, 1998) Lamarca qui, dans le film homonyme, rêvait de transformer la société brésilienne va du désert de Suez à celui du *sertão*, et va trouver la mort sans que rien ne change. Le protagoniste pris dans un espace va être élément de l'espace qui l'exclut.

« La métaphore du désert, par sa force anéantissante, renvoie l'image du sujet orphelin d'histoire, mutilé de culture (...) coupé de généalogie ; sujet asséché jusqu'à devenir pierre parmi les pierres » (Bererhi, 1995)

L'espace du manque créant celui du désir, deux mondes inaccessibles l'un à l'autre vont coexister dans l'imaginaire mais aussi dans la réalité.

Le second type de représentation spatiale de l'exclusion insiste davantage encore sur l'espace clos comme espace de mort. C'est le cas de la cellule dans laquelle se trouvent Molina et Valentin (*O Beijo da Mulher Aranha*) et la cabane de l'enfant débile (*Joana Francesa*). Les personnages entrent dans ces espaces pour y mourir ou n'en sortent que pour mourir.

Le troisième type de représentation spatiale de l'exclusion met à l'œuvre une distanciation spatiale : une traversée à accomplir devient l'espace d'un cheminement pour un possible devenir qui va se révéler au final, relativement frustrant. C'est le cas des jeunes Brésiliens au Portugal (*Terra Estrangeira*) où Paco et Miguel vont mourir ; de Carlota, l'européenne au Brésil (*Carlota Joaquina*) qui finalement retournera au Portugal pour y être enfermée pour folie ; ou encore de Tieta arrivant de São Paulo à Bahia (*Tieta*) venant chercher le respect et la considération qu'elle n'obtiendra pas.

2°) Attitudes face au sentiment d'exclusion : déni défensif, soumission et révolte

Au sujet du sentiment d'exclusion des personnages, nous pouvons remarquer deux types d'attitude. L'inconscience ou le déni défensif remarquablement représenté dans le film *Iracema, uma transa Amazonica* où non seulement la misère et l'exclusion d'Iracema sont déniés tout comme son identité (Tião se trompe et l'appelle sans cesse Jurema, autre prénom d'indienne mythique). Déni relayé d'une part par Iracema elle-même qui dit ne pas être Indienne, et pris en charge d'autre part par la longue suite de formules à la grandeur et à la gloire du pays très en vogue dans les années 70 : des chansons *« Personne n'arrête ce pays ! » « Pour un Brésil meilleur »,* des autocollants à l'écran affirment *« Le Brésil, aime-le ou quitte-le »* le tout repris dans le discours de Tião : *« Le Brésil est chaque fois plus grand... Il faut travailler pour progresser...Crois en ton avenir... Celui qui veut s'en sortir le peut ».*

Le second type d'attitude face à l'exclusion est la conscience qui débouche dans certains cas sur la soumission ou la révolte. Molina (*O Beijo da Mulher Aranha*) Fabiano et Vitoria (*Vidas Secas*), Manoel (*Deus e o Diabo na Terra do Sol*), les exclus de l'immeuble délabré (*Sabado*) ou encore des habitants des bidonvilles (*Rio 40°* et *Rio Zona Norte*) de Rio sont autant de visages de la soumission. De même, le peuple de *Terra em Transe* que Paulo, le poète, finit par ne plus supporter tout comme les paysans de *Os Fuzis* dont Gaucho condamne et venge d'une certaine façon la lâcheté. La révolte va être le fait de personnages forts comme Gaucho (*Os Fuzis*) Tieta (*Tieta*) Alex (*Terra Estrangeira*) Marcela (*A Ostra e o Vento*) Pierina (*O Quatrilho*) Xica da Silva (*Xica da Silva*) les esclaves de Palmares (*Quilombo*) ou encore Lamarca (*Lamarca*).

Nous pouvons observer que la conscience de l'exclusion et la révolte mise en mots est le plus souvent féminine lorsqu'elle n'est pas le fait de *leader* ou militant politique. La parole féminine va venir dénoncer un système hypocrite et complaisant. Cette parole va alors assurer une dénonciation et une transition vers un autre système de valeurs, peut-être créateur de nouvelles normes : Rosa va amener Manoel jusqu'au lieu où le *sertão* devient la mer (*Deus e O Diabo na Terra do Sol*), Alex amènera Paco jusqu'à la frontière espagnole, espace maternel donc lieu d'une possible renaissance (*Terra Estrangeira*), Vitoria qui sait compter et comprend qu'ils sont exploités par le colonel, poussera Fabiano à une révolte qu'il ne pourra assumer jusqu'au bout (*Vidas Secas).*

Les hommes qui dénonceront l'exclusion en feront une parole collective : Lamarca rédigeant une lettre à ses enfants, écrira *« Mes enfants... ici au Brésil, beaucoup d'enfants ont faim et n'ont rien, sont pieds nus... Je suis resté ici pour en finir avec ça. »*. Zumbi ou Ganga Zumba, chefs du *quilombo* de Palmares, cet espace de liberté que gagnaient les esclaves en fuite, ont cette même volonté d'agir pour le collectif : *« Palmares existera toujours, même sans nous »* (*Quilombo*). Valentin, militant politique, va alerter Molina – l'homosexuel qui partage sa cellule et qui lui raconte naïvement des films de propagande nazis – que son engagement politique dénonce ce que Molina ne veut se résoudre à voir : *« Tu ne comprends rien ! Tu ne sais pas ce que les nazis ont fait aux juifs, aux pédés... tu es un homme comme ces pédés que les nazis ont jetés dans les chambres à gaz ! »* (*O Beijo da Mulher Aranha*).

3°) Expulsion : le bannissement comme prix à payer

L'expulsion vient figurer dans les films l'exclusion maximale. De même que certains des personnages précédemment étudiés sont expulsés d'une zone géographique – comme le *sertão* qui chasse ses habitants affamés, ou encore des espaces précis d'une ville, comme un stadium ou un zoo. Tous les expulsés s'avèrent être des personnages fragilisés par leur appartenance à un lieu qui les rejette, à un statut sexuel (les femmes métisses dans le film *El Justiceiro*), à la jeunesse dont le Brésil ne veut assurer l'avenir dans *Terra Estrangeira.*

4°) Représentation spatiale du déracinement :

Les déracinés sont très nombreux dans l'ensemble de notre corpus. Ils fuient la sécheresse du *sertão*; ils fuient la douleur du décès d'un proche ; ils fuient la menace de mort, cherchant tous un apaisement et une vie meilleure dans un ailleurs libérateur. Si le déracinement est le dernier recours, présenté comme inévitable, il prend un caractère particulièrement douloureux pour ceux qui le subissent avec violence comme les esclaves venus d'Afrique ou ces femmes arrachées de force par les *cangaceiros.*

D'un point de vue spatial, le déracinement va s'illustrer par un déplacement comme point de départ, menant à un enracinement dans un ailleurs ou à une errance sans fin métaphorique dans bien des cas d'un cheminement mental tourmenté. Les déplacements seront représentés à l'image qu'il s'agisse de marche, train, bateau ou avion. Le déraciné, nous apprend Alex (*Terra Estrangeira),* est celui qui ne possède plus ses repères spatiaux ou temporels, qui tente de s'enraciner dans une histoire – d'amour en l'occurrence – tout en vivant dans la crainte de voir cette histoire mourir et donc de se voir condamné à un nouvel exil. Arrachés et exilés de force, les personnages ne rêvent que de quitter le lieu d'aliénation que représente leur nouvel horizon. Mais où partir quand le déracinement s'est déployé dans le temps, comme c'est le cas des esclaves ? Le déracinement spatial est un déracinement temporel. Une rupture qui s'inscrit dans le temporel : *« Moi je suis née ici, je ne connais pas d'autre terre. L'Afrique est loin. Beaucoup trop loin ! »,* nous dit une esclave de *Quilombo.*

B. Traqués, prisonniers et hors normes

Nombreux sont les personnages qui font l'objet d'une traque. Parmi les personnages traqués par la police, par des représentants d'un ordre ou pouvoir légalement établi, nous retrouvons d'une part les rebelles qui mettent en péril cet ordre, comme les communistes ou militants politiques, les *cangaceiros* ou les mystiques, et les esclaves en fuite ou ceux qui les protègent ou adhèrent à leur lutte. D'autre part les petits trafiquants ou marginaux qui ne bouleversent au plus que leur vie personnelle.

1°) Représentation spatiale de la traque et attitudes des personnages : les franchissements de frontières et présence du danger

Dans sa représentation spatiale, la traque introduit un lien particulier à l'espace. C'est souvent le fait de quitter un espace, conçu comme espace d'appartenance, qui entraîne la traque. Ainsi, les militants politiques, les *cangaceiros* ou les esclaves en fuite en quittant l'espace d'origine pour en créer un autre – le quartier général, le *sertão* ou le *quilombo* – s'exposent aux recherches et répressions des représentants de la loi. Tout comme Nicinha qui disparaît de la ville (*Um Trem para as Estrelas*), João quitte la prison, Chico s'apprête à quitter le bidonville (*Minuit*) ; le passage d'un espace à un autre se paie au prix de la traque et parfois de la mort.

L'attitude face à la traque est essentiellement de deux natures : la fuite – qui n'empêche pas toujours l'affrontement – ou l'affrontement entraînant souvent la mort d'une voire des deux parties. Ce glissement de la fuite à l'acceptation de l'affrontement et de la mort est illustré par une séquence intéressante de *O Beijo da Mulher Aranha* dans l'établissement du lien entre la traque, la mort et la parole refusée. Il s'agit du moment précis où Molina, l'homosexuel qui partage la cellule de Valentin, le prisonnier politique, est libéré de sa peine et filé par la police qui le soupçonne de vouloir intégrer le groupe de militants auquel appartient Valentin. Alors qu'il part à la rencontre de Lidia, une militante, Molina va se découvrir traqué et pris au piège. Molina, le conteur cinéphile, celui qui par sa parole structurait le temps et l'espace clos de la cellule assurant ainsi un moment d'évasion, va choisir de se taire au moment précis où sa parole pourrait lui sauver la vie (*«Donne-moi le numéro de téléphone et je t'emmène à l'hôpital. »*) car la seule évasion possible maintenant, c'est la mort. Et c'est bien souvent cette dernière fuite que choisit l'homme traqué.

2°) Otages, militants politiques esclaves et autres captifs

Les prisonniers peuvent être regroupés en différents groupes.

- Les otages, qui sont en général des personnage-écrans sur lesquels sont projetés des désirs ambivalents et qui vont eux-mêmes entretenir avec leur geôlier une proximité ambiguë. Dans ce groupe, nous retrouvons par exemple le Français captif des Tupinambas (*Como Era Gostoso Meu Frances*) qui s'adapte à la culture indienne, s'épile et apprend la langue de ses geôliers. Pour les Indiens cannibales, qui le prennent pour un Portugais, l'incorporer équivaudra à gagner en puissance et en force. Elbrick, l'ambassadeur retenu par les militants (*O que é Isso Companheiro ?*), ainsi qu'Olivia la nièce du préfet retenue par les *cangaceiros* (*O Cangaceiro*) vont également se sentir proche d'un ou de plusieurs des geôliers : Elbrick se sentira proche de Fernando – qui prend plaisir à discuter avec lui – et Renée – qui lave et repasse sa chemise – tous deux donc assez délicats avec lui. Quant à Olivia elle tombera amoureuse de Teodoro, le *cangaceiro* le plus proche de Galdino le chef, entraînant Teodoro à quitter la bande au péril de sa vie. Marcela, retenue en otage par son père (*A Ostra e o Vento*), est prise à deux reprises par celui-ci, lors de brèves hallucinations, pour sa mère infidèle et sensuelle qu'il ne parvient à oublier. En même temps, le délire psychotique de Marcela va la conduire à tuer son père et Roberto. Dans ce groupe, nous retrouvons aussi Molina, l'homosexuel qui partage la cellule de Valentin (*O Beijo da Mulher Aranha*). Molina est l'otage du directeur de prison et du policier – qui pourchasse le réseau de militants auquel appartient Valentin – avec lesquels il entretien au départ une relation de fausse proximité et collaboration qui le conduira à la mort.

- Les militants politiques et les esclaves constituent deux autres groupes formant ce que nous pouvons dénommer les combattants de la liberté. Dans des espaces clos, lieux de tortures et de mort réelle ou de mort psychique, les désirs de liberté et d'égalité se terminent en impasse. Prenons l'exemple de Xica da Silva, esclave noire et ancienne maîtresse d'un représentant de la cour, qui choisit de se cloîtrer après avoir été rejetée par les habitants de Tijuco, heureux d'assister à sa chute qui correspond au bannissement de João Fernandes, son ancien amant. Xica illustre cette parenthèse temporelle qu'a seulement été sa liberté.
- Les nobles, aristocrates ou représentants d'une classe dominante, constituent un quatrième groupe des personnages prisonniers. Pris au piège de l'image qu'ils ont d'eux-mêmes et du pouvoir qu'ils pensent avoir, les Portugais colonisateurs ou les représentants de la cour vont être tout aussi pris au piège que va l'être Magda, caricature d'une élite brésilienne, qui se retrouvera coincée dans un ascenseur en panne, entre deux fonctionnaires de la morgue, le cadavre d'un ancien SS et un jeune marginal (*Sabado*).
- Enfin, nous pouvons repérer un dernier groupe de personnages prisonniers, constitué par des marginaux, prophètes d'un changement des temps comme Vovô et João (Minuit) persuadés que le passage à l'an 2000 va tout changer, ou victimes du changement des temps comme Tico, le vieux *cangaceiro* (*O Cangaceiro*) qui, malgré sa remise de peine, demande à réintégrer la prison, ne supportant plus la violence de l'extérieur « *C'est devenu pire qu'avant (...) dehors c'est l'enfer, laissez moi rester ici !* » demandera-t-il au directeur de la prison.

L'extérieur vécu comme un univers cloisonné où des mondes parallèles qui coexistent et forment chacun une prison est mis en évidence dans le film *Minuit* où João quitte la prison, va au bidonville pour y tuer un ami, puis à la ville, pour y sauver une inconnue suicidaire, et enfin à la plage, lieu intermédiaire de mort pour João et de renaissance pour Maria, le lendemain du nouvel an 2000. La sortie de prison de João est la mise en scène d'une fuite impossible où une fois de plus la mort apparaît comme le seul véritable changement.

3°) Normes et transgressions : représentations spatiales des frontières

Les hors normes ou déviants sont des personnages construits autour de la transgression qu'ils accomplissent et qui les condamne de manière explicite ou implicite suivant les films. Cette transgression se manifeste d'un côté par rapport au pouvoir instauré ou ce qu'il représente (petits et grands truands, *cangaceiros* et militants politiques), de l'autre, par rapport à la sexualité admise (prostituées, certains homosexuels, incestueux et pédophile).

La représentation spatiale de la hors norme nous offre un regard intéressant sur la symbolique de la frontière. La transgression par rapport à la sexualité est reliée à un lieu circonscrit et des frontières délimitant ce lieu. Les prostituées appartiennent, suivant les films, à l'intérieur d'une maison close ou d'une région bien précise : Tieta et Leonora (*Tieta*) ne sont plus des prostituées à Bahia, alors qu'elles l'étaient à São Paulo. Joana (*Joana Francesa*) quittant le bordel qu'elle dirige à São Paulo cesse elle aussi d'être en rapport avec la prostitution à Santa Rita au Nordeste ; Iracema et Tereza (*Iracema, uma transa Amazonica*), malgré leur envie de quitter l'Amazonie, n'y parviennent jamais, revenant toujours dans cet endroit où elles se prostituent et qu'elles croient pouvoir quitter. Anésia (*Alma Corsaria*) n'est une prostituée qu'à São Paulo, lorsqu'elle rentre dans son village natal elle est telle qu'elle se pense et se désire : une jeune femme sage et fiancée à Torres. La prostitution de la mère de Rodrigo (*Cinema de Lagruimas*) est reliée au Brésil et pour cela ne peut se laisser dévoiler au Mexique dans lequel Rodrigo part chercher le sens du suicide de celle-ci. La pédophilie de Pedro Lacraia (*Orfeu)* est vouée au gouffre du bidonville, cet enfer où Orfeu ira chercher Euridice. Les relations incestueuses de la famille d'Aureliano (mère-fils et frère-sœur) appartiennent au domaine de Santa Rita dans lequel Joana (*Joana Francesa*) tente d'apporter une morale refusée. L'attirance homosexuelle de Marcia et Virginia ne se manifeste que dans l'espace de projection qu'est le film auquel va assister Virginia (*Matou a Familia e Foi ao Cinema*). L'homosexualité de Rodrigo (*Cinema de Lagrimas*) ne peut se manifester au Mexique puisque Yves l'évite. De même Yves qui tente de gagner les Etats Unis pour se faire soigner du SIDA dont il est porteur se retrouvera au Brésil et c'est là que Rodrigo comprendra le sens du suicide de sa mère prostituée et le sens de l'évitement de Yves porteur de la maladie reliée dans l'esprit à la sexualité. L'homosexualité efféminée et assumée de Geni (*A Opera do Malandro*) est reliée au Cabaret d'Hambourg, lorsqu'il en sort pour se donner en spectacle ailleurs, il en meurt. L'homosexualité de Molina (*O Beijo da Mulher Aranha*), est reliée à la cellule de prison dans laquelle il a évoqué ses souvenirs et dans laquelle il laisse Valentin, l'homme qu'il aime. Lorsqu'il quitte la prison, il refuse de revoir le serveur qui lui plaisait tant dans ses histoires livrées à Valentin. La transgression de la norme sexuelle est une affaire d'espace.

La transgression de la loi, est donnée dans sa représentation spatiale comme une prise de possession ou une création d'espaces à soi, sur lesquelles doivent s'établir de nouvelles lois. Les *cangaceiros* instaurent leur autorité au cœur du *sertão*; des bandes font de même à l'intérieur des bidonvilles ; des tueurs à gages circonscrivent leur territoire tout comme de jeunes délinquants des rues. Les militants politiques créent leurs quartiers généraux et les esclaves leur *quilombo*. Ces derniers espaces sont idéologiques contrairement aux précédents, ils se désirent espaces de transition et de changement.

Certains de ces personnages qui transgressent la loi officielle ou officieuse incarnent, dans sa composante psychologique, ce qui sous-tend la conduite transgressive : « la transgression permet un gonflement narcissique car la réussite confirme la toute puissance : le sujet se sent plus fort que la loi, plus fort que la mort. Par là, il devient un héros, un élu (...). Le pouvoir engendre un abus de pouvoir. Cet abus est recherché pour lui-même comme signe de toute-puissance. » Juignet, 1997).

Stigmatisé par le regard de l'autre, le hors norme peut l'être aussi dans son corps qui devient la parole muette d'une histoire tabou, comme nous l'illustre une séquence de Joana Francesa, film qui raconte l'arrivée d'une tenancière de maison close au village de son amant et sa découverte d'une lignée incestueuse. Arrivée à Santa Rita, Joana découvre qu'un petit enfant débile qui vit enfermé dans une cabane est le fruit incestueux des relations de Lianinho avec sa propre mère. Tout aussi incestueux est l'amour d'Honorio et Dourinha, frère et sœur de Lianinho, tous trois enfants d'Aureliano, l'amant de Joana, et de Das Dores, son épouse qui vient de mourir. Elle rencontre un oncle – Julio – de la famille qui est aveugle et sur une chaise roulante. Le fait qu'il soit en chaise roulante le rapproche encore, par-delà la cécité, d'Œdipe – pieds enflés – dont la légende raconte que son père fit percer ses chevilles à la naissance et les attacha à une courroie. Alors qu'à Thèbes il y eut l'épidémie de peste, Julio nous raconte celle du choléra qui ravagea Santa Rita et le feu purificateur dressé par la mère. « Lianinho » – prénom du père de l'enfant débile – peut être le diminutif affectueux de Julio, ce qui rapproche encore une fois l'oncle d'un personnage dont l'inceste est rapporté, faisant de Lianinho le porteur d'une répétition familiale. Nous pouvons comprendre ce que redoute tant l'oncle Julio, l'aveugle : le regard d'autrui.

La transgression vis-a-vis du pouvoir souffre bien moins du regard de l'autre mais côtoie tout autant la mort. L'instauration ou volonté d'instauration d'un nouvel ordre considéré comme nécessaire à la survie personnelle (dans le cas des petits ou grands truands qui ne représentent au final qu'un sous-produit du pouvoir en place) ou collective (lorsqu'elles sont sous-tendues par une idéologie militante visant au renversement du pouvoir en place) s'assume comme telle.

II Errances psychologiques : de l'exaltation à la dépression

A l'exception de quelques personnages (essentiellement les surprotégés qui ont, comme nous le verrons, un rapport particulier à la vie dans ce qu'elle contient de plus transcendant et de plus réjouissant) nous envisageons la folie ou l'illumination comme le versant défensif de la dépression. Tous les personnages concernés étant dans une situation d'enfermement psychique ou physique, la folie et la dépression vont être les deux réponses possibles engendrées par une situation vécue comme intolérable. Le « manque à être » que partagent ces personnages – aux antipodes des surprotégés – va prendre forme dans l'expression de la dépossession.

A. Fous ou illuminés et surprotégés

L'enferment et l'impression d'être la main du destin sont, à l'intérieur de notre corpus, les deux grandes causes reliées à l'émergence ou, du moins, à l'expression de la « folie ». Précisons que nous retiendrons ici, dans son acception la plus large, ce terme banni du langage médical. L'enfermement peut être objectif : nombre de personnages deviennent fous à la suite d'un enfermement. Mais le plus souvent l'enfermement est avant tout subjectif; Miguel enfermé dans son passé de torturé politique va convaincre ses trois amis du passé que l'heure de la vengeance a sonné et, en proie à la folie, il va tuer un de ses amis et provoquer la mort d'un autre avant d'être emmené menotté par la police (*Ação entre Amigos*). Enfermé dans son ignorance, le gardien ivre et simplet de l'immeuble délabré du centre de São Paulo va porter fièrement l'uniforme SS retrouvé dans la chambre d'un mort et va tenter de se tenir droit à l'entrée de son immeuble (*Sabado*). Enfermés dans la certitude d'un destin à accomplir, les divers illuminés du *sertão* (Sebastião, Corisco Antonio das Mortes ou Porfirio Diaz) sont eux aussi des figures de la folie ou de l'illumination tout comme Ganga Zumba et Zumbi (*Quilombo*), ces êtres qui concentrent en eux un désir collectif qui les déborde.

1°) Représentation spatiale de la folie : les lieux clos et l'absence de repères

L'observation de la représentation spatiale de la folie nous montre que les lieux clos ou sans repères spatiaux sont propices à la folie. Ainsi l'enfermement de Marcela (*A Ostra e o Vento*), jeune adolescente vivant depuis toujours sur une île que son père ne l'autorise pas à quitter, va favoriser l'émergence de son délire psychotique alliant un dédoublement d'elle-même à la manifestation d'un désir refoulé : le meurtre du père. C'est le double de Marcela – Saulo, le vent – qui va prendre en charge le désir du meurtre du père. Il est intéressant de remarquer que le dédoublement chez Marcela correspond à l'intériorisation d'un espace extérieur qui ne peut être occupé que par deux personnes : *« Il n'y aura plus que nous deux sur l'île...que nous deux »* n'est que l'expression du désir paternel qui ne voulait qu'être à deux avec sa femme qu'il va tuer parce qu'elle prend un amant – un marin qui vient de temps en temps sur l'île –. José, le père jaloux et méfiant de la relation mère fille. Cette expression est l'expression de la méfiance vis-a-vis du tiers dans un système, un espace, qui ne peut contenir que deux ; Ainsi, il s'agira tout au long du film d'expulser ou de tuer un tiers (la mère et l'amant tués par José lui permettent de rester « plus que tous les deux » avec Marcela, de même que l'expulsion de Daniel, le professeur de Marcela). L'arrivée de Roberto, l'épileptique, sera une nouvelle fois source de tension au sein de l'île. Cette occupation de l'espace par deux individus et l'exclusion du tiers est manifeste dans cette séquence où nous découvrons d'abord Marcela et son double, puis l'arrivée de Roberto expulse le double, puis Marcela s'en va et José arrive. La cohabitation avec l'autre reste toujours violente : Saulo, le double, profère des menaces de mort, Marcela menace Roberto avec un bâton, José menace Roberto avec son couteau.

Comme l'île de Marcela, la cour espagnole, le *Quilombo* de Palmares, tout comme les cellules de prison, favorisent par leur manque d'horizon, l'émergence de la folie chez les plus fragiles.

Le *sertão*, ce lieu sans repère qui en fonction des époques s'étend ou se rétrécit jusqu'à disparaître, terre du délire mystique des croyants et du délire mégalomaniaque des *cangaceiros* va lui aussi être un lieu représenté comme étant propice à la folie. D'ailleurs le vieux colonel Honorio (*O Dragão da maldade contra o Santo Guerreiro*), en faisant référence aux personnages mythiques de la région, va dire « *y en a beaucoup qui sont devenu fous en essayant de changer le sertão...* ». Dans ce même *sertão* du Nordeste Laura et le professeur pris eux aussi d'exaltation fiévreuse, s'embrassent sur le cadavre de Mattos, l'amant de Laura. Ce manque de repère topographique du *sertão* est, dans ce même film, métaphorisé également par la cécité – manque de repères visuels – du mégalomane Colonel Horacio, époux de Laura. La folie nous est donc donnée, à travers nos films, essentiellement comme le fruit d'une absence de perspectives et de repères. Le Nordeste au-delà même du *sertão* est le lieu du délire pour de nombreux personnages qui y vivent ou le traversent.

2°) La foi en l'au-delà des « surprotégés » : un déni de la mort

La foi, la croyance en un au-delà va être à l'origine de ce que nous appelons la « surprotection » de certains personnages. Il s'agit de personnages étrangers au plus grand nombre dans la mesure où ils jouissent d'un rapport très particulier avec l'au-delà, les rendant souvent immortels.

C'est le cas de Vadinho (*Dona Flor e Seus Dois Maridos)*, jouisseur de la vie, joueur et fêtard, qui perd la vie un matin de carnaval et qui un beau jour revient du monde des morts pour profiter encore des bonnes choses de la vie....Le surprotégé est-il celui qui nie la mort ou une simple projection du désir des vivants incapables de faire le travail du deuil ? Le film *O Amuleto de Ogum* semble opter pour la première hypothèse : le surprotégé est un être libre de liens immédiats, un intermédiaire entre les deux mondes. Dans ce film, un aveugle est molesté dans un bidonville par trois voyous auxquels il propose de raconter une histoire en échange de sa vie. L'histoire racontée va être celle d'un jeune homme au « corps fermé », c'est-à-dire un homme qu'aucune balle ne transperce car il est le protégé d'*Ogum*, divinité afro-brésilienne à laquelle la mère du jeune homme voue un culte en échange de la protection de son fils. C'est sa propre histoire, ou une des versions possible de son histoire que raconte le conteur aveugle. Entre ce monde et celui de l'invisible, entre la réalité et la fiction qu'il se propose de raconter, il se place d'emblée comme le détenteur d'un savoir et d'un pouvoir ignoré de la jeunesse. Tout aussi immortels sont Orfeu et Euridice (*Orfeu*) qui apparaissent dansant et chantant sur l'écran de télévision au cœur du bidonville où leurs corps gisent morts. De même Zumbi, Ganga Zumba et les esclaves du *quilombo* (*Quilombo*) dont il nous est dit qu'ils ne meurent jamais et que leur esprit est toujours présent. Tous ces personnages évoqués ont en commun le goût de la fête, de la danse, du chant : le goût de ce qui nous permet de transcender l'existence quotidienne. C'est peut-être ce qui les rend réellement immortels.

La protection divine peut se manifester au travers d'un simple mortel : la suicidaire Maria, juste avant de se jeter du haut de son immeuble, le soir du réveillon, regarde au loin sur la baie de Rio le Christ Rédempteur et, s'apprêtant à mourir les bras ouverts comme lui, sera sauvé par João (*Minuit*). Zumbi est recherché pour avoir fait l'amour avec Santinha, une jeune fille désignée, du haut de la croix à laquelle elle est attachée, comme une sainte. Zumbi ne devra sa fuite possible que grâce au miracle que produit Santinha et qui va faire diversion : une pluie de riz qui s'abat sur le bidonville en liesse (*Um Trem para as Estrelas*). De même, le suicidaire de *Alma Corsaria* sera sauvé par Torres, un demi-mort en somme, qui s'apprête à fêter au Bar des Esprits le lancement du livre de sa vie. Encore une fois, tous ces personnages sauvés, surprotégés sont en lien étroit avec la musique, la fête et la célébration, autant de visages de la transcendance à laquelle l'homme aspire dans un demi-sommeil de la raison.

B. Dépressifs et dépossédés

La rupture est un des points communs entre tous les personnages dépressifs de notre corpus. Qu'il s'agisse de rupture amoureuse, de rupture politique, de rupture professionnelle ou de rupture de santé.

1°) La rupture et la plainte : émergence du personnage-écho

La rupture va prendre le plus souvent la figure d'un bouleversement reçu dans un état de non préparation psychique entraînant la plainte formulée au niveau verbal ou gestuel, dont l'acte suicidaire constitue le point culminant. Notons deux choses au sujet de la plainte proprement dite :
Le premier point est que lorsqu'elle est verbalisée, la plainte sous-tend une demande difficilement perceptible par celui auquel elle s'adresse. L'exemple le plus flagrant de cette impossible réparation que demande la plainte, est donné par *Minuit*, où Maria désorientée par l'abandon inattendu de Pedro se met à le chercher dans la ville et tombe sur João, son élève sourd-muet avec lequel elle se met à parler de façon incohérente. En effet, elle s'adresse à lui avec des mots : *« je suis perdue, j'ai cassé le téléphone ...je ne connais pas d'amis à lui .... »* et non des signes, ce que le sourd ne peut entendre.

De même, Ada et Marcelo (*O Desafio*) entament un dialogue de sourds exprimant chacun la douleur de la rupture mais vécue à partir de ressentis différents : Ada se sent mal aimée et ne peut le concevoir, Marcelo ne peut concevoir d'aimer dans le nouveau contexte de la dictature militaire. Du même coup, la plainte se fait reproche – comme c'est le cas précédemment cité, mais également de Rodrigo vis-a-vis de Yves qui l'évite (*Cinema de Lagrimas*) – ou se fait séduction – comme c'est le cas de Maria Clara (*Menino de Engenho*) qui, en se plaignant, suscite l'amour de Jucas, ou encore de Géni (*A Opera do Malandro*) qui suscite l'amitié de Max et de Margot.

Le deuxième point est que la plainte du dépressif possède un écho chez un autre personnage – souvent un double – faisant du plaintif le porte-parole d'un traumatisme passé, présent ou à venir, partagé par les deux personnages. En guise d'illustration, le tableau ci-dessous reprend les exemples les plus évocateurs de ce partage.

Personnage	**Plainte**	**Personnage - écho**	**Traumatisme partagé**
Rosa (*Deus e o Diabo...)*	*« On vivait ensemble ...tu as suivi Sebastiao, tu t'es éloigné de moi... »*	Corisco	l'éloignement et la solitude ⇒ la folie
Ada (*O Desafio*)	*« Tu ne penses qu'aux problèmes politiques, plus à nous... »*	Marcelo	La démission
Marcelo (*Os Fuzis*)	*« c'est impossible de ne pas voir la réalité »*	Ada	La prise de conscience de l'impasse
Maria Clara (*Menino de Engenho*)	*« João a beaucoup changé »*	Anna Clarissa	La déception ⇒ l'infidélité
Géni (*Opera do Malandro*)	*« moi aussi je suis amoureux de Max »*	Margot	L'abandon de Max
Rodrigo (*Cinema de Lagrimas*)	*« maman pourquoi tu ne m'as pas emmené avec toi ? »*	Yves	La proximité de la mort
Maria (*Minuit*)	*« lâche-moi, je ne suis déjà plus ici*	João	La trahison

Apportons quelques précisions concernant les éléments qu'il contient :

- L'éloignement et la solitude que ressent Corisco face au vide laissé par la mort de Lampião vont être à la mesure de ce qu'éprouve Rosa neurasthénique qui accuse Manoel de choisir le mysticisme plutôt que l'amour.

- La démission de Marcelo vis-a-vis d'Ada et de leur histoire d'amour va trouver chez Marcelo un écho dans celle de son collègue qui se résigne à ne plus croire aux lendemains meilleurs. De même, la prise de conscience de l'impasse, si elle se manifeste chez Marcelo au moment précis où les militaires prennent le pouvoir, va prendre forme chez Ada à l'instant précis où, pour la première fois, elle visite l'usine de son mari et y découvre cet univers bruyant, étouffant et évocateur de malaise social.

- La déception de la vie conjugale telle que l'exprime Maria Clara nous renvoie en écho à l'infidélité de la mère de Carlos, Anna Clarissa, tuée par le mari jaloux au début du film.

- L'abandon de Max est le traumatisme partagé par Géni et Margot délaissés au profit de la jeune Ludmila.

Le traumatisme né du suicide de la mère alors qu'il était enfant est à rapprocher de celui qu'éprouve Rodrigo face à sa mort très proche : porteur du SIDA, il se trouve en phase terminale. Enfin, la trahison que partagent Maria et João qui, tout deux, avec les mêmes mots diront à des moments différents:*« lâche-moi, je ne suis déjà plus ici...je veux dormir... »* diffèrent en un point essentiel : alors que Maria est la victime de la trahison de Pedro, João est le traître qui tue son propre ami Chico, croyant à tort pouvoir sauver sa peau.

2°) La rupture et l'attitude de retrait : une souffrance enfouie

Parallèlement à ces personnages qui formulent verbalement une plainte, d'autres expriment, par une attitude de retrait relationnel partiel ou retrait total (dans le cas du suicide), la souffrance dont ils sont les porteurs, souffrance éclairée par un événement ultérieur ou par un tiers. Ainsi, ce n'est qu'à la fin de *Cinema de Lagrimas* qu'est livré le pourquoi du comportement de Yves en même temps que le pourquoi du suicide de la mère de Rodrigo.

3°) Représentation spatiale de la dépression : les avancées difficiles, des hauts et des bas

La représentation spatiale de la dépression est à l'image de sa représentation mentale : en effet l'avancée difficile de Rosa (*Deus e o Diabo na Terra do Sol*) à travers le *sertão,* figure sa lassitude et son aboulie. De même les montées et descentes d'Ada – dans son appartement – et de Marcelo (*O Desafio*) dans la ville, nous font penser aux phases qu'ils traversent au niveau psychologique.

Les suicidaires Maria (*Minuit*) et l'homme sauvé par Torres (*Alma Corsaria*) vont être tentés par la chute, mouvement vertical qui traduit peut-être le mieux, l'humeur dépressive. Yves, de *Cinema de Lagrimas*, est dans un mouvement de va-et-vient entre le Mexique et le Brésil qui peut traduire cet entre-deux que constitue la maladie vis-a-vis de la vie et de la mort.

Des hauts et des bas, des allées et venues, des avancées difficiles, des chutes possibles, des blocages, telles semblent être les grandes figures spatiales de la dépression, toutes évocatrices de l'impasse psychologique dans laquelle se trouvent les personnages.

4°) Dépossession d'un lien ou d'un objet : dépossession de soi

La dépossession, lorsqu'elle ne se réduit pas à un minimum vital dont sont privés les protagonistes faisant d'eux les exclus présentés en début de chapitre (les habitants de bidonvilles, d'immeubles délabrés, les errants du *sertão,* les prostituées d'Amazonie...), revêt des formes de dépossession matérielle ou non matérielle fortement évocatrice de dépossession psychologique ou identitaire. Nous pouvons répartir ces dépossessions en deux grandes catégories : dépossession d'un lien affectif (représenté par la perte d'une personne ou d'un animal familier), et dépossession d'un objet – au sens que lui donne la langue classique – (représenté par la perte d'un objet évocateur d'une quête identitaire). La dépossession d'un lien affectif privilégié prend trois aspects :

- La perte d'un parent ou d'un membre de la famille : la perte – surtout lorsqu'elle se produit durant l'enfance – est souvent violente et représente, pour tous les cas, le point de départ d'un devenir autre, d'un voyage, d'un espace à traverser. A titre d'exemple rappelons quelques personnages dans cette situation. Pour Carlos (*Menino de Engenho*) tout comme pour Josué (*Central do Brasil*), la brusque perte de la mère va être le point de départ d'un voyage au bout duquel le jeune garçon doit devenir un petit homme. La même chose se produit pour Paco (*Terra Estrangeira*), jeune adulte infantilisé par sa mère possessive. La mort inattendue de celle-ci sera la cause du départ de Paco vers le Portugal qu'il pense être une première étape avant l'Espagne, pays natal de la mère. La quête du sens du suicide de la mère va amener Rodrigo (*Cinema de Lagrimas*) au Mexique. Pour Euridice (*Orfeu*) c'est la perte du père qui va être à l'origine de son départ pour Rio. Alors que la perte de la mère pour Marcela (*A ostra e o Vento*) a signifié l'enfermement sur son île, remarquons que son désir de meurtre vis-a-vis de son père – exprimé dans un délire – peut être compris comme un désir d'échappement, de départ vers un ailleurs. Benjamin Abrahão (*Baile Perfumado*) entame son voyage à travers le Nordeste à la mort du Père Cicero, figure paternelle. La perte du père et du frère assassinés va être pour Gabriel (*Amuleto de Ogum*) en rapport direct avec son départ ultérieur pour Rio.

- La perte d'un animal : concerne essentiellement des enfants. L'animal étant un écho de la fragilité et vulnérabilité de l'enfant. C'est dans un zoo que Paulinho (*Rio 40°*), l'enfant du bidonville, va perdre Catarina, son petit lézard. Tout comme Paulinho entre dans un lieu qui l'éblouit mais qui n'est pas pour lui, le lézard Catarina entre dans une zone où il risque à tout moment de se faire dévorer. A l'image, l'apparition du serpent qui va tuer le lézard est mise en parallèle avec l'apparition du gardien qui va expulser l'enfant du zoo. L'expulsion équivaut à la mort, la dépossession de son petit animal à la dépossession d'un puissant lien affectif. Le dernier plan de cette séquence oppose la solitude et la tristesse de Paulinho, enfant miséreux, à la gaieté des enfants riches et enjoués qui passent en groupe devant le zoo. Paulinho est l'image même du dépossédé dans ce que la dépossession présente de plus pathétique.

- La perte du lien amoureux est souvent présente au travers des différentes histoires. Elle est préfigure l'errance spatiale et psychologique des personnages. Alors que la perte d'un parent était souvent le point de départ d'un voyage, la perte du lien amoureux va d'avantage s'inscrire comme le point de départ d'une errance spatiale mais souvent également psychologique très prégnante chez la plupart des personnages. L'errance spatiale va aussi être soulignée par une attitude corporelle particulière : la nervosité du corps ou au contraire le corps éreinté ou amorphe. Pour illustrer ce qui vient d'être dit, le tableau ci-dessus reprend quatre exemples parmi d'autres de cette errance faisant suite à une rupture du lien amoureux:

Laura (*Dragão da Maldade...*) qui va tuer elle-même son amant lâche et poltron avant de devenir folle ; Alex (*Terra Estrangeira*) dont la mort de Miguel, assassiné par des contrebandiers, plonge dans le désarroi ; Maria (*Minuit*) dont la rupture avec Pedro la conduit à une tentative de suicide ; Marcelo (*O Desafio*) qui, déprimé par le coup d'état perd Ada; et enfin Orfeu (*Orfeu*) qui ira chercher Euridice dans l'enfer d'un gouffre jouxtant le bidonville. Parce que le sentiment amoureux exalte celui qui le possède, sa perte rend fou. Les lieux perdent alors leur géographie sacrée pour devenir des espaces extérieurs profanes d'un cheminement intérieur désorienté et difficile.

	Manifestations de l'errance	
Personnage	**Spatiale**	**Psychologique**
Laura	Erre, un bouquet à la main, à travers le *sertão* avec le professeur qui traîne le cadavre de Mattos	embrasse le prof. sur le cadavre de l'amant, tandis que le prêtre tente de les séparer.
Alex	Erre ivre jusqu'à son appartement où va la trouver Paco	vole le violon pour le donner à un inconnu, ce qui entraîne la traque, la vengeance d'Igor, la mort de Paco.
Maria	Erre à travers l'avenue à la recherche d'un téléphone	va s'enivrer et tenter de se suicider.
Marcelo	Erre dans la ville	se laisse tenter par la séduction de la femme de son ami, puis se reprend et part à nouveau dans la ville où il repense à Ada.
Orfeu	Erre dans l'enfer du bidonville	déni de la mort d'Euridice qui va le conduire à sa propre mort.

- La dépossession d'un objet prend elle aussi des aspects divers ayant en commun le lien que la perte de l'objet introduit à la perte de soi, car les objets sont métaphoriques de celui qui les possède, faisant de la dépossession de l'objet une des étapes d'un processus engagé de dépossession de soi. Ainsi, lorsqu'Espirito (*Rio Zona Norte*) est dépossédé, pillé des chansons de Samba qu'il compose, il cesse progressivement d'avoir une identité. Espirito a d'abord été dépouillé de ses chansons, puis de son corps sans identité.

La même chose apparaît lorsque Benjamin Abrahão (*Baile Perfumado*), parti faire envers et contre tout à travers le Nordeste, un film sur le *cangaceiro* Lampião, apprend que son film est censuré et confisqué par l'Etat. Le sentiment de perte d'identité d'Abrahão s'exprime par le fait qu'au moment de la confiscation de ses images par le gouvernement, il se parle à lui-même en s'appelant, non plus par Benjamin Abrahão mais Jamil Ibrahim, sont prénom arabe. La confiscation du film par les autorités brésiliennes a pour effet psychologique de le priver de l'identité brésilienne qu'il s'était construite.

Dans d'autres films, la dépossession n'est pas consécutive à une perte, elle est donnée d'emblée comme évidence à accepter : par exemple, la liberté dont ne jouissent pas les esclaves, qui eux se veulent libre, ou la perte d'un pouvoir qui semblait acquis est aussi l'occasion d'un difficile remaniement identitaire. Plus métaphoriques, la perte d'objets inertes et palpables comme un violon bourré de diamants ou un passeport (*Terra Estrangeira*), un vieil uniforme nazi, des baskets et un baladeur (*Sabado*) révèlent aussi ce à quoi renvoie la possession et dépossession d'objets toujours métaphoriques.

L'exemple de *Sabado* est très évocateur de cette problématique : dans un vieil immeuble délabré du centre ville, arrive un samedi une équipe de tournage pour y réaliser un clip publicitaire à l'intérieur du hall possédant un ascenseur classé patrimoine artistique. Notons au sujet de ce clip qu'il se tourne donc dans l'espace d'appartenance des démunis mais qu'il exclut complètement cet autre qu'il représente : deux mannequins au look très européen vantent les mérites de l'eau de toilette *« winter »*. Magda, qui fait partie de l'équipe de tournage, se trouve enfermée dans un ascenseur en panne, tandis que son collègue Aîmar part à travers les couloirs et les étages de l'immeuble à la recherche de celui qui pourrait venir à bout de cette panne. De cette confrontation entre deux mondes, celui des nantis (le monde du spectacle : l'équipe technique et les acteurs) et celui des démunis (le monde de la réalité : les habitants de l'immeuble délabré), va apparaître un transfert d'objet passant d'un monde à l'autre. L'analyse de ces transferts d'objets nous apprend que le monde de la réalité est avide de produits référents du monde du spectacle (posséder des objets de ce monde est une des façons de se sentir appartenir au monde auquel renvoie l'objet). Le monde du spectacle rejette, quant à lui, ce qui vient du monde de la réalité. Quant à l'uniforme nazi récupéré par le gardien de l'immeuble, nous pouvons considérer qu'il fait partie d'un autre monde – celui d'un pouvoir cauchemardesque d'hier – qui souligne le danger de la fascination des objets dont on ne connaît le sens. Ainsi, le monde de la réalité « hérite » du cauchemar d'hier par ignorance.

La représentation spatiale de la dépossession est, lorsqu'il s'agit de dépossession de liens affectifs, retraduite comme nous l'avons évoqué en terme de traversées d'espaces ou de créations de nouveaux espaces (le *quilombo*, par exemple). La dépossession d'objets identitaires va avoir souvent pour traduction spatiale un arrêt, une rupture, un retour en arrière ou un enfermement : sans son passeport, Alex ne peut quitter le Portugal (*Terra Estrangeira*), sans les diamants Igor va être blessé ou trouver la mort, les chansons volées d'Espirito (*Rio Zona Norte*) ou le film censuré de Benjamin Abrahão (*Baile Perfumado*) vont, comme nous l'avons déjà souligné, les déposséder d'eux-mêmes en annonçant leur mort prochaine. Enfin, les objets servant de monnaie d'échange entre les deux mondes de *Sabado* n'accélèrent en rien la libération de Magda coincée dans un des ascenseurs.

III. Différences physiques : l'handicapé comme figure de l'entre-deux

Au sein de notre corpus, un certain nombre de personnages secondaires ou plus périphériques sont atteints d'handicaps sensoriels – les aveugles et sourds muets – d'handicaps moteurs ou de privation physique – personnages en chaise roulante et cul-de-jatte – et d'handicap mental. Certains de ces personnages, par leur simple présence et par les liens qui se créent autour d'eux, nous offrent un regard particulier sur la diégèse.

A. Les aveugles

Les plus nombreux sont les aveugles. Lorsqu'ils font partie du *sertão*, leur cécité est un contrepoint symbolique à l'intense luminosité du *sertão*, rappel de la brûlure du soleil. Prisonniers de leurs ténèbres intérieures, leurs dires, leurs actes ou leurs destins sont métaphoriques de la violence infernale du *sertão*: ainsi, c'est à un aveugle, Julio, qu'Antonio das Mortes (*Deus e o Diabo na Terra do Sol*) raconte le massacre des fidèles et c'est au même aveugle qu'il va demander sa route pour arriver jusqu'à Corisco et le tuer. De même, des aveugles témoignent du désir de garder la foi et de la violence de la misère dans les premières images de *Os Fuzis*. Le colonel Horacio (*O Dragão da Maldade…*), aveugle lui aussi, est celui par lequel la violence et la folie s'abattent sur Jardim das Piranhas. Aussi, le père aveugle de Dada (*Corisco e Dada*), M. Vincente, auquel Corisco va voler sa fille, est en train de découper une bête morte et de dégager délicatement ses yeux qui serviront de billes aux enfants, lorsque telle une furie Corisco arrive et menace. Dans ce film, l'aveugle Aderaldo est le projectionniste du film « la passion du Christ » chez les *cangaceiros*. Il verra la colère de ceux-ci se déchaîner autour de ce film et des tirs portés sur l'écran de projection. Quant à l'aveugle qui s'occupe de Tico (*O Cangaceiro*), il sera tué par une balle perdue au cours de l'attaque des *cangaceiros* sur la place du village.

Dans d'autres films, l'aveugle est le détenteur d'un savoir ignoré des autres et d'un langage particulier lui permettant d'exprimer de façon métaphorique ce savoir : l'oncle Julio (*Joana Francesa*), aveugle et infirme, possède le savoir sur la lignée incestueuse à laquelle il appartient. Nous avons déjà rapproché sa cécité à celle d'Œdipe et nous pouvons penser que la façon dont il exprime ce savoir – en racontant l'épidémie de choléra écho métaphorique de l'épidémie de peste qui ravage Thèbes – se conclut par son énigmatique question : quels temps sont ces temps qui arrivent ? L'aveugle conteur de *O Amuleto de Ogum* est celui qui, à travers son conte, exprime un savoir sur l'au-delà et ses choses obscures. Conteur également, Julio, l'aveugle de *Deus e o Diabo na*

Terra do Sol est celui qui raconte l'histoire, en chanson off. *« Tout cela, je le vois mieux grâce à mes ténèbres »* dira-t-il en parlant du sang versé dans le *sertão*.
Enfin, les aveugles, comme la mère de Dream (*Um Trem para as Estrelas*) – qui rêve d'une télévision couleur – sont parfois là pour porter physiquement en eux l'aveuglement psychique d'un autre personnage, en l'occurrence celui de son fils qui rêve des Etats-Unis et de son « *way of life* ». Cette qualité faisant du handicapé le porteur du symptôme d'autrui se retrouve quel que soit le handicap. C'est le cas en particulier pour le sourd et muet José (*Minuit*) qui met en relief, par sa présence, les problèmes de communication du monde des entendants. L'enfant débile (*Joana Francesa*) tué par Joana est également le symptôme d'une lignée incestueuse et malade.

B. Les nains

Les nains sont également souvent représentés : ils se tiennent très souvent dans l'entre-deux du monde des adultes et du monde des enfants. Monde du plaisir et monde de des amusements, mondes eux-mêmes toujours divisés en lieux de joie et lieux de douleur: un nain dans un bordel ou gardien dans une boîte de strip-tease ; un nain noir et esclave servant de monture à un enfant blanc ; un nain comme bouffon de la cour portugaise.

C. Handicapés moteurs

Parmi les handicapés moteurs, il est intéressant de remarquer que les personnages en chaises roulantes entretiennent parfois un lien étroit à l'enfermement : le directeur de la prison (*O Beijo da Mulher Aranha*) où se trouvent Molina et Valentin, la femme de celui qui se fait appeler l' « homme d'Alcatraz » (*Sabado*) et qui passe ses journées enfermé dans son appartement, sorte de grande cage à pigeons ; Maria (*O Que é Isso Companheiro ?*), après sa détention, va rejoindre le groupe de militants politiques en partance pour l'exil, en chaise roulante.

Stigmatisés de façon immédiate par leur handicap, tous les personnages ci-dessus et d'autres à travers les films constituent un des visages de l'étrangeté, de l'autre différent mais qui, comme nous le voyons, de l'autre finalement très proche, parce qu'ils cristallisent en eux nos désirs et nos craintes, réalisant ainsi la figure de l'étranger dans toute sa complexité.

IV. Fonctions des personnages étrangers

L'étude des personnages stigmatisés nous amène à réfléchir sur les fonctions qu'ils assument au sein des différents films dans lesquels ils s'immiscent.

Nous voyons émerger trois grandes fonctions principales aux frontières ténues : la fonction de figure du destin, la fonction de figure de la dissidence et la fonction de figure métaphorique de la condition humaine.

A. La figure du destin

Une fonction de **figure du destin** est étayée par un rapport particulier à la vie et à la mort. Les femmes du corpus sont bien nombreuses – bien que pas les seules – à avoir cette fonction. Quelques exemples nous montrent comment cette fonction s'instaure. Celle-ci peut-être pressentie ou déléguée :
« Dieu ne m'a pas donné assez de forces pour explorer tous les pêchés de cette maison, mais quelqu'un doit le faire ! (...) Dieu ou le diable t'a envoyée...finis ce que tu as commencé » va dire la vieille Olimpia à Joana (*Joana Francesa*) qui effectivement sera la figure du destin précipitant l'éclatement de la lignée incestueuse. Dans *O Beijo da Mulher Aranha* nous retrouvons ce même rapprochement entre la femme et la mort, à travers l'histoire de cette femme araignée qui vit sous les tropiques et recueille un naufragé, qu'elle soigne en pleurant. *« Pourquoi ? »* demande Valentin à Molina qui lui répond qu'il se pose trop de questions. La femme araignée annonce par sa présence le passage du concept de destin à celui de fatalité (Ballestra-Puech, 1999). Sa présence correspond à l'annonce de la mort très proche pour Molina comme

pour Valentin. Alex (*Terra Estrangeira*) va également remplir cette fonction auprès de Paco, qu'elle conduira au pays maternel, au pays des morts. *« Je ne suis pas ta mère ! »* va-t-elle lui répéter au moment-clé de leur rencontre : elle n'est pas sa mère, elle ne peut lui donner la vie c'est donc la mort qu'elle va lui offrir. Euridice (*Orfeu*) tout comme Inês, ont elles aussi des figures du destin. Parées de leurs déguisements elles s'inscrivent dans l'idée selon laquelle « le destin peut être pensé comme un vêtement qui habille l'individu ou comme un spectacle représenté sur la toile » (Idem p. 100). Notons, quant aux femmes du *sertão*, qu'elles sont davantage l'incarnation du destin déchiré des hommes que la pièce maîtresse qui annonce un basculement.

Mais les femmes ne sont pas les seules à faire figure de destin : Josué, l'enfant de *Central do Brasil* va être celle de Dora. Par sa rencontre, la vieille femme va se réconcilier avec son passé et devenir autre. De même Corisco comme Lampião vont être les figures du destin d'Antonio das Mortes, le tueur de *cangaceiros*. *« Lampião était mon miroir ...après j'ai tué Corisco et tout est fini »* dira Antonio das Mortes. Les *cangaceiros* seront cette rencontre narcissique des doubles de lui-même qu'il s'agira d'envoyer à la mort pour échapper à la folie.

B. Figure de la dissidence

Une fonction de **figure de la dissidence** étayée par un rapport particulier aux différentes formes de pouvoir est une autre des fonctions de ces personnages. Nous retrouvons ici la dissidence politique, religieuse ou institutionnelle (David-Jougneau, 1989). Lamarca est une de ces figures : il déserte l'armée pour devenir le révolutionnaire utopiste qui pense pouvoir changer l'ordre injuste du monde brésilien. Entre deux déserts, celui de Suez et celui du *sertão* de Bahia, sa dissidence aura pour raison la fidélité à ses principes personnels plutôt qu'aux normes politiques et institutionnelles : « *Traître ? Etre loyal, qu'est-ce que c'est ? Etre loyal c'est se taire devant les pires injustices ? Etre loyal c'est être contre le peuple ? J'ai toujours voulu être un militaire et je ne*

cesserai pas de l'être. Mais je change de camp : je passe du côté des exploités ». Comme Lamarca, Gaucho (*Os Fuzis*) a déserté l'armée pour se retourner, au prix de sa vie, contre elle à Milagres *« on ne meurt bêtement que lorsqu'on meurt de faim, pas quand on meurt par balle »* dira-t-il à Luiza. Les jeunes militants de MR8 (*O que é Isso Companheiro* ?) se posent la dissidence politique comme nécessité collective : à un copain ayant refusé l'engagement politique pour se consacrer au théâtre d'Ibsen, Fernando, le révolutionnaire dira *« un jour, quand sera racontée l'histoire de notre époque, tout le monde saura qu'un groupe de personnes a pris les armes pour lutter contre la dictature (...) tout le monde ne se sera pas caché dans une Maison de Poupées ! »*
La dissidence religieuse est parfaitement illustrée par Corisco au cœur du *sertão* où l'exaltation religieuse est poussée à l'extrême. Dissidence ayant pour cause première la mort de son enfant : « *Je ne crois pas en Dieu le Père. Il n'est pas tout-puissant, Il n'a pas créé la terre et le ciel. Je ne crois pas en Jésus Christ* (...) *ni en la vie éternelle ! »* (*Corisco e Dada*).
La dissidence des personnages aura des conséquences au niveau du groupe, éclaté ou consolidé et au niveau individuel (risques de torture ou de mort, d'écartement de bannissement).

Derrière la dissidence se retrouvent des positions de principes. Quels enjeux sous-tendent cette affirmation commune aux dissidents des principes comme étant prévalents à la norme ?

« L'enjeu personnel, dans le besoin de sauvegarder ou reconstruire une image de soi (...). Enjeu institutionnel, dans la mesure où derrière cette image de soi se joue la mise en œuvre d'un rôle social (...). Enfin enjeu fondamental derrière le besoin d'une réaffirmation à la fois objective et symbolique des principes comme fondement de toute identité sociale, lié au pacte social sous-jacent. » (Idem, p. 117-118)

C. Figure métaphorique de la condition humaine

Enfin, une fonction de **figure métaphorique de la condition humaine** étayée par un rapport particulier à l'homme, constitue une autre des fonctions de ces personnages. Comme nous avons pu l'observer, les personnages stigmatisés – et plus particulièrement au travers de la traque, de la mélancolie, de la dépossession – viennent figurer l'homme face à la mort, à la fragilité, à l'éphémère et à l'absurde de la vie. Nous remarquons d'emblée que la motivation la plus essentielle, celle de la simple survie mène le plus souvent à la perte, à la mort et à l'errance tout comme la motivation mélancolique d'un travail de deuil à effectuer (perte d'un des parents entraînant un voyage). La motivation consistant à accomplir un destin grandiose est finalement propice à l'enfermement, la violence et la mort. Vouloir changer l'ordre du monde mène à l'exil ou à la mort. Ces morts sont parfois extrêmement claires dans leurs symboles : Vinicius (*Um Trem para as Estrelas*) erre dans la nuit à la recherche d'un amour perdu. Au bout de sa traversée il aura perdu son ami « Dream », ses rêves et ses illusions. De même Tieta de retour dans son village natal verra mourir un préfet et son père, qui vingt-six ans auparavant l'avait expulsée. La loi (du père) trop rigide doit mourir pour que Tieta puisse un jour revenir pour y être enfin acceptée. Enfin, la mort des bêtes du *sertão* pour Vitoria, Fabiano et les enfants (*Vidas Secas*) renvoie à leur propre mort. Vitoria ne dit-elle pas : « *On va continuer à vivre comme ça ? Fuir comme des bêtes...on n'est pas des bêtes...* »

Exilés d'une conception normative de l'individu, les personnages étudiés dans ce chapitre, tout comme les personnages étrangers au sens géographique du terme, étudiés dans le chapitre précédant et qui parfois sont les mêmes, mettent en exergue – à travers leur rapport à soi, à l'autre et à l'espace mais aussi à travers les figures qu'ils assument – les fonctions phoriques (Kaes, 1999), c'est-à-dire les fonctions de porte-symptôme, de porte-rêve, de porte-parole ou de porte-idéal d'une collectivité, nous amenant à nous interroger avec A.Milon sur la pertinence de réduire l'étranger à sa conception géographique ou psychosociale, plutôt que de l'élever au rang de personnage conceptuel, au sens deleuzien du terme « c'est-à-dire une réalité qui donne sens au territoire qui l'entoure. » (Milon, 1999)

EFERENCES BIBLIOGRAPHIQUES

Sylvie BALLESTRA-PUECH *Les Parques, Essai sur les figures féminines du destin dans la littérature occidentale* Edition Universitaire du Sud, Toulouse, 1999.

Abdelhak BERERHI,« Territoire perdu, territoire réinventé » in Charles BONN, (dir.) *Littérature des immigrations, Exils croisés*, Etudes Littéraires maghrébines, L'harmattan, Paris 1995.

Paulo Filho CARNEIRO DA CUNHA *Mise en scène et mise en corps de l'image et du son dans le Dieu noir et le diable blond de Glauber Rocha.*,Thèse de doctorat, Paris 1, 1998.

Maryvonne DAVID-JOUGNEAU, *Le dissident et l'institution ou Alice au Pays des normes*, Harmattan, Paris 1989.

Erwing GOFFMAN, *Stigmate*, Paris, Minuit, 1975.

Patrick JUIGNET *Etats-limites et passions narcissiques*, Berger-Levrault, Paris 1997.

René KAES *Le groupe et le sujet du groupe, éléments pour une théorie psychanalytique du groupe* Dunod, Paris 1993.

René KAES *Les théories psychanalytiques du groupe*, Que Sais Je, P.U.F. Paris 1999.

Allain MILON, *L'étranger dans la ville, du rapp au graff mural* Sociologie d'Aujourd'hui P.U.F, Paris 1999.

DEUXIÈME PARTIE
L'AUTRE COMME CONDITION D'ÉLABORATION IDENTITAIRE

CHAPITRE 1
LA RENCONTRE FONDATRICE DE L'IDENTITÉ BRÉSILIENNE

I. Indiens, Noirs et Blancs

Vers 1500, moment de la « découverte » du Brésil, la population d'autochtone est estimée à cinq ou six millions, répartis en différents groupes linguistiques. De l'autre côté de l'océan, la conquête du monde par les Européens a pour cadre l'esprit de la Renaissance. C'est l'époque de l'invention de l'imprimerie et de l'apparition de livres qui révolutionnent les modes d'approches du savoir, de la dissection de cadavres humains qui fait naître la chirurgie d'Ambroise Paré, de la révolution copernicienne qui établit que la Terre n'est pas au centre du monde et de la réforme protestante qui gagne du terrain. Les conquêtes vont contribuer à transformer le visage du monde paradoxalement au moment où la doctrine humaniste de la renaissance fait de l'Homme et du fondement des valeurs morales, des valeurs suprêmes. Mais l'Homme dont il s'agit n'est ni Indien, ni Noir. De 1500 à 1900, soixante-quinze à quatre-vingt-quinze pour cent des Indiens ont été éliminés, du restant, un tiers « disparaissent » durant la première moitié du XXe siècle (Ribeiro 1970). Entre la deuxième moitié du XVIe siècle et 1850, date officielle de l'interdiction de la traite brésilienne, on estime à environ 3 500 000 le nombre de captifs noirs introduits au Brésil (Queiros-Mattoso, 1979). C'est entre autres à partir de cette « rencontre » historique entre les Indiens, les Blancs et les Noirs que va s'élaborer progressivement l'identité brésilienne. Les termes « Blancs », « Indiens » et « Noirs » sont simplificateurs : les Indiens étaient subdivisés en de nombreux peuples possédant des langues et cultures diverses, les Noirs provenaient de différents pays d'Afrique et possédaient aussi des langues et cultures diverses, les Blancs étaient des Portugais,

Hollandais, Français, Espagnols... Mais s'ils paraissent abusifs nous ne conservons de cet emploi que ce qu'il suppose de rapport à une altérité vécue comme fondamentalement différente au moment précis où prend naissance cette « rencontre » historique.

Dans cette partie de l'ouvrage, il sera essentiellement question de quatre films rapportant des données ou événements historiques se situant entre le XVIe et le XVIIIe siècle. *Como era Gostoso meu Francês* (1971) de Nelson Pereira dos Santos est une fiction construite à partir de témoignages des religieux ou aventuriers du XVIe siècle nous retraçant l'image de l'Indien telle qu'elle s'exprimait dans les écrits d'alors. *Xica da Silva* (1976) de Carlos Diegues est l'adaptation d'une pièce de 1959 d'Antonio Calado, retraçant l'histoire d'une esclave du XVIIIe siècle devenue, pour un temps et grâce à une relation sentimentale, une femme de pouvoir. *Quilombo* (1984) de Carlos Diegues retrace la rébellion d'esclaves du XVIIe siècle, leur fugue vers le *quilombo* de Palmares d'où émergent les figures historiques de Ganga Zumba et Zumbi. Enfin, *Hans Staden* (1999) de Luiz Alberto Pereira est l'adaptation des mémoires du voyageur allemand du XVIe siècle capturé par les Indiens cannibales Tupinambas (Staden, 1979). Il s'agira à travers ces films de dégager ce qui est dit ou montré des rapports intergroupes blancs, noirs et indiens constitutifs de l'identité collective brésilienne, de mettre ces éléments dégagés en rapport avec l'Histoire afin d'analyser la place de chacun dans cette conscience.

A. Rencontre entre le Blanc et l'Indien

« Au Brésil, peut-être plus qu'ailleurs, l'histoire des Amérindiens est celle d'une longue agonie. Depuis l'arrivée des Européens – essentiellement des Portugais –, la population indienne est passée de 5 à 7 millions d'individus à environ 230 000.» (Lemoine, 1989).

La connaissance que nous possédons des Tupi-Guarani est essentiellement due aux chroniques de voyages et correspondances de religieux du XVIe siècle.

1. Le Brésil, lieu de dissolution identitaire

Como era Gostoso meu Francês fait référence aux différentes sources bibliographiques mentionnées ci-dessus pour construire l'histoire d'un Français, Jean, capturé par les Tupinambas. Le film est entrecoupé de cartons où viennent s'inscrire diverses citations des auteurs et témoins du XVIe siècle.

Les premières images du film nous donnent une vision de la rencontre des Blancs et des Indiens, en insistant sur le contexte de guerre entre groupes indiens différents – les Tupinambas « amis » (Carelli, 1987) des Français contre les Tupinimquins « amis » des Portugais – après une série d'affrontements, le Français d'abord surpris par les Tupininquins est capturé et emmené par les Tupinambas qui le prennent pour un Portugais. Différents éléments du début du film attirent notre attention. Tout d'abord, la citation du Père Anchieta (*« Ils sont comme des tigres orgueilleux avec ce que leur donnent les Français »*), tout comme celle de Cunhabebe (*« Les Français apportent des hachettes et des peignes qu'ils échangent contre du bois »*) fait état du système de troc qu'établissent les Français avec les Indiens. C'est le fait de procéder au troc qui donne aux Français leur identité. Outre le jugement très négatif du Portugais sur les Indiens (*« Leur nature est cruelle, amie de la guerre et ennemie de toute paix »*) nous y décelons la rivalité franco-portugaise à l'œuvre. Pris pour un ennemi portugais, le Français est condamné à mort. Cette condamnation fait un écho métaphorique à l'incapacité des Français à s'établir – à exister et à être reconnus – dans la région. Cunhambebe fait référence à la prophétie des maracas pour confirmer sa conviction qu'il s'agit bien d'un Portugais. Les prophéties dans la société Tupinamba avaient un rôle essentiel, à savoir de médiation entre le groupe et son organisation avec le monde des humains mais aussi des esprits et des animaux (Fausto 1992). S'il est condamné à mort, le Français n'en est pas pour autant privé de femme : la sœur de Cunhambebe va être sa compagne tout le temps de sa captivité. La femme est présentée comme un élément de métissage.

A partir de ces quelques éléments relevés dans cet extrait nous pouvons remarquer que le Brésil est d'abord présenté comme un lieu de conflit, d'intérêt et de rapports de pouvoir des Indiens entre eux, des Blancs entre eux et des Indiens et Blancs entre eux. Nous remarquons ensuite qu'il est un lieu d'identité fragile et niée ou jugée négativement – les Indiens sont « cruels » et « orgueilleux », le Français n'est pas un Français et les Portugais représentent ce qui doit être exterminé par les Tupinambas –. Cette dissolution de l'identité, préfigurative de la mort, va être également à l'œuvre lorsque le Français, au bout de quelques mois, va s'inscrire, par le biais de l'invention d'un ancêtre commun, dans l'histoire des Tupinambas.

L'assimilation du Blanc par l'Indien est d'abord une assimilation identitaire avant d'être une assimilation anthropophage. Nous sommes donc en présence d'une double assimilation : le Français assimile la culture indienne – il est d'ailleurs épilé et parle en Tupi et, s'il est pris pour un Portugais, c'est en Indien qu'il va mourir à la fin du film en récitant, comme lui aura appris sa compagne Sebaipepe, une phrase rituelle chez les Indiens condamnées à être mangés : *« Après ma mort mes amis viendront me venger, il ne restera aucun de vous sur cette terre ».* En même temps, l'Indien assimile le Français lors du rituel anthropophage. Le partage d'un récit commun, originaire d'une histoire où un Maïré – un Français – se confond avec un Caraïbe – chef Indien – est le premier signe d'assimilation (Carneiro da Cunha, 1998). Pourtant, un examen attentif du récit raconté à plusieurs voix, nous donne quelques précieuses indications sur l'impossible rencontre des opposés – blanc et indien –.

En schématisant le récit pour le rapporter à sa plus simple expression nous obtenons un récit qui peut être divisé en quatre temps :

1) Un ancêtre commun qui transmet des savoir-être et des savoir-faire qui transforment l'Indien en Homme (*« nous vivions comme des bêtes »*) : maîtrise du feu, agriculture et épilation établissent une séparation entre l'Homme et l'animal.

2) Une nouvelle organisation spatiale va permettre aux Hommes, dans un premier temps, de posséder une habitation à caractère végétal (*« il bâtit une maison en bois-brésil »*) leur permettant de se protéger de la nature (*« Quand il pleuvait dehors, il ne tombait à l'intérieur aucune goutte »*). Dans un deuxième temps, une habitation à caractère minéral (*« un petit village de muraille en pierre »*) va permettre aux Hommes de se défendre contre leurs semblables (*« une caserne pour les guerriers et un château pour le conseil des chefs »*).

3) Jaloux du pouvoir du dieu les Hommes décident de le tuer à travers la mise à l'épreuve du feu où il chutera.

4) La mort du dieu sera à l'origine du tonnerre et de la tempête.
En résumé, nous avons donc : temps 1 : passage de l'animal à l'Homme ; temps 2 : gestion de la condition d'Homme face à la nature et face aux semblables ; temps 3 : l'Homme face à dieu ; temps 4 : chute du dieu et présage d'anéantissement de l'homme.

Ces quatre temps du récit outre le fait qu'ils évoquent l'ascension et la chute de l'Homme, possèdent pour principale caractéristique d'être construits, au niveau iconique et sonore, sur des oppositions, séparations et complémentarités : remarquons tout d'abord la présence des quatre éléments souvent présents dans les récits cosmogoniques : le feu (cadeau de l'ancêtre, fumée des indiens, cabane qui brûle et brasier ardent), l'eau (la pluie et la rivière), la terre (plantation du manioc), l'air (tonnerre et tempête). L'agencement de ces éléments va contribuer à nous donner une vision paradoxale du monde indien ; une vision paradisiaque – le couple dans la rivière ainsi que l'idée d'une terre fertile – et une vision d'enfer – la chute dans le feu, les flammes qui dévorent la cabane, le brasier ardent –. Ces visions paradoxales s'intensifient par l'opposition classique entre le nocturne, évocateur des ténèbres et le diurne évocateur de la lumière. Une autre coupure temporelle est assurée par Sebaipepe : *« nous vivions comme des bêtes »* instaure une pensée réflexive sur un avant et un maintenant (passage de l'animal à l'Homme) tandis que se joue pour le Français tout comme pour les Indiens un devenir entre un maintenant et un après (passage de la vie à la mort). Nous avions repéré, dans le temps 2 du récit, une séparation spatiale entre l'habitation à caractère végétal et l'habitation à caractère minéral. Une autre séparation spatiale nous est donnée par l'enclos dans lequel se trouvent les Indiens et l'au-delà de l'enclos dans lequel se trouvent le Français et Sebaipepe.

2. Le Brésil, espace d'anéantissement et d'impossible rencontre

Deux éléments importants méritent d'être soulignés : premièrement, la maison en bois que se construisaient le Français et Sebaipepe, emblématique de véritable rencontre, va être ravagée par les flammes. Deuxièmement, la danse rituelle permettant à un Tupinamba de réaffirmer que les Portugais et les Tupininquins sont des ennemis, va prendre tout son sens à la fin du film où sur un carton le spectateur peut lire une citation de Men de Sà, Portugais et troisième gouverneur du Brésil, datée de 1557 : *« J'ai combattu et je n'ai épargné aucun Tupininquim. Ils furent étendus sur la plage alignés. Les morts occupaient près d'une lieue »*. Dans leur anéantissement, les Tupininquims rejoignent les Tupinambas, tout deux exterminés par les Portugais, tout comme le Français avait rejoint le destin des Portugais capturés. Les oppositions initiales (Tupininquins *x* Tupinambas et Français *x* Portugais) sont dès lors effacées puisque les Blancs vont avoir un destin commun – être dévorés – et les Indiens, un autre – être exterminés – ramenant ainsi l'affrontement à l'autre à une opposition entre le Blanc et l'Indien.

B. Rencontre entre le Blanc et le Noir : l'asservissement

C'est le manque apparent d'or, d'épices et de pierres précieuses au Brésil récemment découvert par les Européens qui va être à l'origine d'une monoculture exigeante – d'abord celle du sucre – à laquelle sera associé l'esclavage des Noirs (Queiros Mattoso, 1979). Entre 1502 et 1860, plus de 9 500 000 Africains seront conduits de force vers les Amériques, et le Brésil figure alors comme le plus grand importateur d'hommes noirs. Entre le XVIe siècle et 1850 (date officielle de l'abolition du trafic), trois millions et demi d'esclaves sont transportés au Brésil. C'est au cours du XVIe siècle que l'importation d'esclaves est la plus forte. Dès les premiers temps de l'époque coloniale, Hollandais, Français, Anglais viennent alimenter la demande du marché de l'Afrique. Lorsqu'ils ne meurent pas au fond des cales des négriers ou encore du *banzo* (cette nostalgie mortelle des esclaves africains) quelques temps après leur arrivée au Brésil, les esclaves n'ont d'autre choix que celui de se soumettre ou de se révolter. Les *quilombos,* espaces collectifs que gagnaient les esclaves en fuite, vont apparaître dès le XVIe siècle.

1. La révolte et l'insoumission, la création des quilombos

« Le *quilombo* (...) ne naît jamais d'un plan prémédité ; il naît spontanément, il peut rassembler dans un même refuge, Noirs africains et Créoles, esclaves ou même libres, victimes de quelque loi discriminatoire. (...) Population extrêmement variée donc, que celle de ces *quilombos*. Elle se cache le plus souvent en milieu rural, à des points d'accès difficiles, loin des villes, des routes, des plantations. C'est le cas du célèbre *quilombo dos* Palmares installé au XVIIe siècle (...) » (Queiros Mattoso, p. 181).

C'est cet épisode de l'histoire que raconte *Quilombo,* riche d'éléments décrivant le déchirement identitaire et psychologique dans lequel se trouvent les esclaves. En effet, le tout début du film nous permet de dégager trois espaces géographiques et psychologiques dans lesquels se trouvent les Noirs et les Blancs. Un premier espace est donné comme étant celui de loisir des Blancs, nous y découvrons des enfants qui jouent, une femme lit à voix haute tandis qu'on lui annonce l'arrivée des Hollandais. Dans cet espace, un esclave noir est torturé à mort. Un deuxième espace est présenté comme l'espace de travail des Noirs – esclaves ou contremaîtres – où l'un d'eux va se révolter contre le traitement cruel que fait subir un contremaître à un vieil esclave. Le troisième espace est l'espace 2, mais transformé par l'arrivée des Blancs européens en espace d'affrontement entre les Noirs et les Blancs. La transition d'un espace à un autre est assurée d'abord par Gongola, l'esclave enceinte puis par Dandara qui ouvre le chemin des Portugais et Hollandais vers la clairière traduisant déjà cette idée de la femme noire comme élément de transition d'un espace culturel à un autre, ultérieurement. Si nous regardons d'un peu plus près les éléments mis en relief dans ces différents espaces, nous remarquons une donnée intéressante concernant l'affrontement Blanc et Noir :

- L'espace 1 nous éclaire sur la perception de l'Autre en tant que Noir ou Blanc : car en effet les Portugais se trouvent face à deux altérités : l'esclave torturé à mort est un « sous humain », il n'a pas de valeur en soi si ce n'est le fait d'être une propriété de son maître qui dispose de lui à sa guise tout comme un enfant disposerait d'un jouet (sur un des plans nous voyons un esclave nain sur lequel monte un enfant). Chaque Noir est d'ailleurs présenté comme appartenant à quelqu'un. Les Hollandais sont une autre altérité, l'enfant André va d'ailleurs se dépêcher de voir *« à quoi ressemblent ces Hollandais »* mais la réaction qu'éprouve Madame Olimpia en apprenant qu'ils se trouvent chez elle à Santa Rita nous permet de penser qu'ils sont perçus comme des invités d'honneur. Un carton explicatif rappelle que l'histoire se déroule dans un domaine du Pernambuco « vers 1650 durant la guerre entre la Hollande et le Portugal pour le contrôle de la région ».
- L'espace 2 fait état de tensions entre Noirs : les esclaves devant obéir au contremaître noir.
- De ces tensions internes (Portugais-Hollandais et esclaves noirs et contremaître noirs) l'espace 3 va revenir sur ce qui était sous-entendu par les éléments de l'espace 1. Portugais et

Hollandais affrontent les Noirs. Les Blancs sont unis dans un même destin – celui de l'asservissement du Noir – tout comme les Noirs sont unis dans un autre destin – être esclave et choisir entre se révolter ou mourir –.

L'inscription de l'Homme – noir ou blanc – dans cet espace-temps qui caractérise la période de l'esclave est, dans ce film, très intéressante dans ce qu'elle nous relève de tension et de désir de fuite et de malaise.

2. La ruse sexuelle comme élément de volonté de puissance

Outre la révolte qui mènera à la création du *quilombo* finalement anéantit, de quel autre moyen dispose le Noir pour se faire reconnaître ? De la séduction qui à l'instar de la révolte va se révéler précaire et illusoire. *Xica da Silva* relate un épisode historique du XVIIIe siècle et relayé par la légende jusqu'à nos jours : João Fernandes de Oliveira est nommé par le ministre marquis de Pombal, contrôleur des impôts du district de Tijuco. L'homme va devenir richissime et sa relation avec sa maîtresse noire Xica da Silva, exubérante et aimant le luxe va conduire João Fernandes à devoir rendre des comptes à la cour portugaise et être interdit de séjour à Tijuco où Xica finira pauvrement ses jours.

Dans une des séquences de ce film, nous relevons différents éléments plaidant en faveur de l'idée d'inaccessibilité du monde blanc pour le Noir. Xica, richement vétue, manifeste clairement le désir d'appartenir au groupe dominant que forment les Blancs. Ce désir d'appartenance se traduit également par l'appropriation d'un langage et d'une attitude qu'elle pense être celle de ce groupe et qui la conduit à une réaffirmation identitaire : elle est *« Madame Francisca da Silva »* qu'elle pense pouvoir la couper définitivement du statut auquel elle appartenait en tant que Noire (*« Je sais que les esclaves ne peuvent pas aller à l'église, mais figurez-vous que maintenant je suis libre »*) et la ramener à celui auquel elle prétend maintenant (*« une libre femme de la cour portugaise ! »*).

Xica ne cherche pas à bouleverser l'ordre injuste du monde brésilien d'alors, elle cherche dans ce monde, où elle-même s'entoure d'esclaves, à appartenir au groupe de ceux qui ont le pouvoir. Sa soif d'affirmation nous est d'ailleurs livrée dans différents plans. Ce n'est pas la reconnaissance des siens que cherche Xica – qui balaye d'une main la vendeuse de fleurs, et qui n'a aucun regard pour le vendeur de coffres en rotin – c'est la confirmation de son nouveau statut. Elle devra pourtant redescendre les marches de l'église pour regagner la place métaphorique que gardent les esclaves : le bas des marches. En contrepoint symbolique, une femme blanche est à sa fenêtre, en haut de l'église.

Xica da Silva représente la ruse féminine pour accéder au pouvoir. Elle est finalement prisonnière de la fascination qu'elle éprouve pour ce qui la rejette. Cette ambiguïté de Xica vis-a-vis des Blancs est relayée par la bande-son où la joyeuse chanson de Jorge Ben Jor fait de Xica, dupe de l'avoir et du pouvoir, un personnage mythique, en somme, une référence. Dans ce même film, Teodoro – esclave en fuite qui à l'occasion nargue João Fernandes et rachète avec l'or qu'il extrait la liberté de la mère de son enfant – représente la révolte et la tentative de subversion d'un pouvoir. Ces modes d'appropriation du pouvoir par les Noirs vont être inefficaces l'un comme l'autre : Teodoro sera capturé et Xica sera condamnée à se cacher du regard d'autrui.

II. Assignation des places

La mise en perspective des éléments significatifs de l'affrontement des trois groupes humains – Indiens, Européens et Africains – nous permet de dégager une assignation des places réservées à chacun de ces groupes à l'intérieur d'un Brésil présenté comme lieu d'un double affrontement, inter et intra-groupe.

L'affrontement entre intra-groupes Blancs et intergroupes associant les Indiens et les Blancs est lié à un affrontement pour conquérir l'espace brésilien où l'exploiter au maximum – dans le cas de Xica da Silva, où la couronne portugaise envoie ses agents à Tijuco pour reprendre ce qui lui revient –. L'affrontement intergroupe Blanc-Noir est davantage celui d'un rapport de pouvoir entre le maître, pour le maintien de son statut, et l'esclave pour accéder à la liberté. Nous remarquons ici une première différence importante dans la représentation des rapports entre Blancs et Indiens, et entre Blancs et Noirs : dans le premier cas, il s'agit d'anéantir les hommes pour conquérir leur espace, dans le second d'asservir les hommes pour maintenir un pouvoir au sein de cet espace.

Cette représentation de l'espace brésilien comme lieu d'affrontement est à mettre en parallèle avec l'idée d'un paradis terrestre : nature édénique, comme nous l'avons vu à propos de *Como era Gostoso meu Francês,* ou terre fertile et riche, comme le souligne par exemple le carton qui ouvre le film *Xica da Silva* : *« ...quand l'or et les diamants étaient extraits du fond des rivières.... »,* terre d'avenir et de devenir où, en somme, tous les rêves semblent permis :

« Avant d'avoir une existence propre, nous avons commencé par être une idée européenne. Il n'est pas possible de nous comprendre si on oublie que nous sommes un chapitre de l'histoire des utopies européennes » (O. Paz *in* Calligaris, 1992)

A. Rencontres et métissages, la femme et la circulation des objets signifiants

1°) Les femmes noires, porteuses d'un avenir brésilien :

Si nous regardons maintenant la place du Noir et de l'Indien dans cet espace brésilien qu'ils révèlent être un espace de domination blanche, nous remarquons que la femme noire ou indienne cristallise en elle la situation d'aliénation (Yee, 2000) qui finit par en faire l'élément du métissage brésilien. Elles usent de ruse (sexuelle dans le cas de Xica) ou d'affectivité (les pleurs des Indiennes au départ et à l'arrivée des Français) pour obtenir la faveur des Blancs. « Elles considèrent comme un honneur de dormir avec les blancs » (Anchieta in G. Freyre, 1974). La femme comme relais du métissage est un élément qui a été abondamment souligné par différents ouvrages traitant de la constitution de la société brésilienne. Cet élément est également repris dans *Xica da Silva* et *Quilombo* par la présence de femmes noires enceintes. C'est là une deuxième différence entre les Noirs et les Indiens : les femmes noires sont davantage représentées comme porteuses d'un avenir brésilien : dans *Xica da Silva*, Teodoro, l'esclave en fuite, paye pour l'affranchissement de Celeste qui est enceinte. Dans *Quilombo,* Gongola, l'esclave de Madame Olimpia est enceinte de celui qui deviendra Zumbi dos Palmares.

2°) Les objets convoités et leur perte d'efficacité

Le métissage culturel humain peut trouver son expression dans la représentation cinématographique d'un métissage culturel particulier, que constitue la circulation d'objets signifiants d'un monde à l'autre. Nous pouvons, à partir des films précédemment cités, dresser un rapide inventaire d'objets quittant leur monde d'appartenance pour en gagner un autre et suivre leur destin.

Monde Indien		**Monde Blanc**		**Monde Noir**
Peigne	←	**Parure**	→	Vêtements de la cour et chaussures de Xica
Hachette (troc) et poudre convoitée	←	**Les Armes**	→	Volées par l'esclave de Quilombo
		Les objets religieux	→	La croix, arrachée par l'esclave de Quilombo
Bois et poivre	→	Objet de troc		

Les objets en gras sont ceux qui sont convoités et qui circulent, les flèches donnant le sens de la circulation. Nous pouvons remarquer que le monde blanc convoite essentiellement les ressources naturelles de la terre brésilienne. C'est cette convoitise qui conduira à vouloir posséder la terre et à être esclavagiste afin d'en extraire le maximum. Qu'en est-il de cette convoitise ? L'Histoire, bien évidemment, nous a renseigné sur la question mais, à l'image, une donnée intéressante surgit des extraits étudiés pour comprendre cette terre brésilienne comme lieu d'instauration du pouvoir portugais. Il s'agit de l'installation des formes architecturales européennes (Leglise-Costa, 1985) : le village fortifié (*Como era Gostoso meu Francês*), l'église baroque (*Xica da Silva*), le domaine colonial (*Quilombo*) : l'espace appartient déjà au monde blanc. Le monde noir comme indien convoite les armes, objet de pouvoir offensif et défensif. Mais que deviennent ces armes dès lors qu'elles quittent le monde blanc ? Inopérantes : les Indiens seront anéantis ainsi que les esclaves fugitifs du *quilombo*. Au niveau de la parure, les peignes, comme objet de troc, sont aussi insignifiants que les gants ou bonnets rouges qu'offrait Colomb aux Indigènes (Todorov, 1982) ; par contre le vêtement de dame de la cour de Xica, ainsi que ses chaussures – signe d'affranchissement – représentent pour l'héroïne une ascension sociale. Pourtant, tout comme les armes, cette tenue se révèle inopérante pour accéder à l'église et donc pour intégrer le monde blanc. Enfin, la croix que ramasse l'esclave lors du massacre des Hollandais et qu'il observe longuement avant de se l'approprier va elle aussi s'avérer inopérante : l'esclave sera tué. Nous pouvons observer que dès lors qu'ils quittent le monde blanc, les objets revêtant une fonction de protection sont inefficaces. Nous interprétons cette donnée comme un témoignage supplémentaire de la difficulté de la rencontre des mondes blancs, indiens et noirs.

B. Forclusion et refoulement identitaires

Nous avons relevé dans les films étudiés dans ce chapitre, deux différences entre les Noirs et les Indiens vis-a-vis du Blanc, à savoir l'asservissement – du Noir qui est un esclave – contre l'anéantissement – de l'Indien qui cède son territoire – et la représentation d'une descendance en gestation chez la femme noire – contre sa non représentation – chez l'Indienne. Ces différences font partie des éléments nous faisant penser que dans l'identité collective brésilienne, la place du Noir n'est pas la même que celle de l'Indien alors même que ces deux places s'originent à partir de celle occupée par la domination blanche. Zilà Bernd dans un récent et passionnant ouvrage traitant de l'histoire de la littérature brésilienne (Bernd, 1995) développe l'idée selon laquelle cette littérature, mettant en œuvre des dispositifs d'exclusion, a inventé l'Indien et occulté puis exclu le Noir. Nous pensons que l'invention, l'occultation et l'exclusion sont les artifices de mécanismes psychologiques plus profonds que sont la *forclusion* et le *refoulement.* Cette distinction terminologique à l'aide de concepts psychanalytiques nous semble pertinente dans la mesure où elle insiste sur une différence de nature et de degré de l'objet expulsé du champ de la conscience et va nous permettre, de plus, d'intégrer à l'explication de ces mécanismes d'importants éléments de l'histoire brésilienne, à savoir les lois adoptées en faveurs des Indiens et des Noirs.

1°) Définitions des termes et extraction du champ psychanalytique :

Affirmons d'emblée que nous nous intéressons ici aux valeurs conceptuelles des termes psychanalytiques que nous allons approcher : ainsi, la situation de castration inhérente à l'illusion de la toute puissance et la loi venant briser celle-ci est, pensons-nous, non pas un épisode de la vie infantile mais un épisode pouvant se représenter plusieurs fois au cours d'une vie. Ne suffit-il pas, parfois, de peu de chose – un objet convoité par exemple – pour brusquement revivre cette « illusion de toute puissance » ? Mais reprenons notre propos et étayons notre réflexion en reprenant la définition que donnent de la forclusion et de son rapport au refoulement, Laplanche et Pontalis : « terme introduit par Jacques Lacan : mécanisme spécifique qui serait à l'origine du fait psychotique ; il consisterait en un rejet primordial d'un « signifiant » fondamental (...) hors de l'univers symbolique du sujet. La forclusion se différencierait du refoulement en deux sens : 1) Les signifiants forclos ne sont pas intégrés à l'inconscient du sujet ; 2) Ils ne font pas retour « de l'intérieur », mais au sein du réel, singulièrement dans le phénomène hallucinatoire. » (Laplanche – Pontalis, 1998)

Nous retiendrons que contrairement au refoulement, qui est une opération par laquelle le sujet repousse dans l'inconscient des représentations liées à une pulsion (idem, p. 392), les objets de la forclusion ne sont pas intégrés à l'inconscient et il n'y a donc pas de retour de l'intérieur sous forme de symptôme, lapsus, acte manqué (comme c'est le cas pour les éléments refoulés) mais de retour de l'extérieur (là où ils sont projetés) sous forme, par exemple, d'hallucinations.

Rappelons que c'est la situation de *castration*, en temps qu'épreuve de séparation et de vécu de l'expérience du manque et faisant suite à l'illusion de toute-puissance, qui va déboucher sur la *Loi symbolique de l'interdit ou loi du père* comme loi brisant cette illusion de toute-puissance. C'est la non apparition de cette loi ou non intégration de cette loi qui fait que la représentation de la castration sera forclose. Cette loi non intégrée est ce que Lacan a désigné sous le nom *de Forclusion du Nom-du-Père*. Le *Nom-du-Père* représentant n'importe quel signifiant venant instaurer l'interdit.

2°) Lois de l'interdit et constitutions d'une conscience collective, créations ou adoptions comme retour du refoulé et retour du rejet

Revenons à notre problématique initiale en prenant en considération les films mais également l'histoire. Considérons la situation d'affrontement initiale, l'illusion de toute-puissance et la castration, rappelons les lois historiques de l'interdit et l'attitude qu'elles ont produite comme relevant d'une intégration de la loi de l'interdit (caractéristique du processus du refoulement) ou non-intégration de celle-ci (caractéristique du processus de forclusion). Nous arrivons à schématiser ces éléments de la façon suivante :

Concernant les situations d'affrontements entre Blancs et Noirs ainsi que Blancs et Indiens, l'anéantissement de ces derniers et l'esclavage des Noirs illustrent le sentiment de toute puissance dans lequel se trouvent les Blancs. Les lois venant instaurer un interdit – une castration à cette toute puissance – émergent.

- En ce qui concerne les Indiens :

En 1530 sous Charles V est proclamée l'interdiction de l'esclavage indien. 1537 « verias Ipsa » du Pape Paul III condamne l'esclavage indien (Todorov p.167). En 1652, les jésuites obtiennent un ordre royal pour affranchir les Indiens. Ils seront expulsés. Quel est le destin de ces lois ? Elles sont tout simplement ignorées. Les Indiens sont progressivement anéantis. La non intégration de ces lois est à l'origine de la forclusion de cette situation traumatique et de son souvenir.

- En ce qui concerne les Noirs :

1850 est la date officielle marquant la fin du trafic d'esclaves au Brésil et loi du « ventre libre » : les enfants d'esclaves naissent libre. En 1888 est proclamée l'abolition de l'esclavage. Ces lois sont intégrées avec des conséquences paradoxales (l'abolition tardive fait de beaucoup d'esclaves des miséreux). Nous assistons au processus de refoulement de la situation d'esclave.

Nous avons vu que, dans un deuxième temps, le *refoulement* autorise le retour du refoulé sous forme de compromis prenant la forme par exemple de lapsus, acte manqué ou symptôme. Ce retour se fait de l'intérieur – à partir du psychisme qui a au départ refoulé l'élément menaçant – alors que dans la *forclusion* le rejet revient à la conscience de l'extérieur.

Dans la problématique qui nous intéresse, nous pouvons prétendre que le *retour du refoulé* va prendre la forme de nouvelles élaborations du Noir et de ses espaces de liberté. Ces élaborations ou ces créations, qui sont donc des compromis de l'histoire dans une conscience collective, proviennent de l'intérieur de la culture brésilienne.

De la même façon, nous pouvons prétendre que le *retour du rejet* concernant la situation d'anéantissement de l'Indien va prendre la forme d'adoption d'une nouvelle image de l'Indien et de son espace d'existence. Cette adoption consistera à intégrer dans la conscience collective une image élaborée par une autre société.

Nous pouvons illustrer la forme que prend ce retour à la conscience brésilienne de la situation d'anéantissement de l'Indien et d'asservissement du Noir de la façon suivante :

	l'Indien anéanti Retour du rejet	**Le Noir esclave: Retour du refoulé**	
Adoption d'un sujet différent	Le mythe du bon sauvage	Le mythe de la mulâtresse sensuelle	**Création d'un sujet différent**
Adoption d'un espace-temps différent	19 avril : jour de l'Indien	le *candomblé*	**Création d'un espace-temps différent**

Reprenons, un à un, les éléments du tableau :

• Le mythe du bon sauvage : C'est à partir du XIXe siècle qu'apparaît au travers de la littérature brésilienne le mythe du bon sauvage. José de Alencar est le principal représentant de ce courant. C'est en Europe que prend forme le mythe du bon sauvage et

« l'œuvre alencarienne s'élabore avec un haut degré de fidélité à l'hégémonie discursive qui s'impose en Europe dès le XVIe siècle avec les relations de voyages des découvreurs et des premiers colonisateurs » (Bernd, op.cit. p. 55). D'un point de vue cinématographique signalons le récent documentaire de Silvio Back (*Yndio do Brasil*, 1996) abordant précisément la question de la représentation de l'Indien au cinéma et concluant sur son absence ou son invention. Au sein de notre corpus de films, *Iracema, uma Transa Amazonica* de Bodanski est l'antithèse du roman de Alencar intitulé *Iracema une légende du Céara.* Dans le film, il ne s'agit plus d'une légende du Nordeste mais d'une « *transa amazonica* » : le titre brésilien instaure un jeu de mots autour de la construction de la route transamazonienne (*tranzamazonica*) et de la sexualité (*Transa Amazonica* ce qui pourrait être traduit en Français par « un coup en Amazonie »). Portrait du Brésil ou de la condition indienne dans le continent américain (Ramos, op. cit. p. 98). Iracema, jeune prostituée d'origine visiblement indienne niera cette identité : *« Je ne suis pas Indienne, je suis Blanche »* remarque à laquelle son interlocuteur, ironique répondra : *« Et fille d'Anglais pendant que tu y es ! ».* Iracema reprend à son compte une tradition d'éradication de l'élément indien de son identité.

- L'instauration du 19 avril comme journée nationale de l'Indien est également une idée qui prit naissance en dehors du Brésil : en 1940, le premier Congrès Indigéniste se réunit au Mexique et approuve une proposition des représentants indiens du Panama, Chili, Etats-Unis et Mexique. Cette proposition visait à l'adoption d'une journée de l'Indien par les gouvernements des différents pays américains. Cette journée serait consacrée à la sensibilisation et la réflexion autour des cultures indiennes. Le 19 avril, jour de la première réunion des représentants Indiens, fut retenu.

- Le mythe de la mulâtresse sensuelle, issue du mélange Blanc et Noir, est par contre une élaboration brésilienne et apparaît dans les œuvres littéraires dès le XVII siècle (Bernd, 1995). Ce personnage mythique se retrouvera souvent au cinéma, nous pouvons considérer *Xica da Silva* comme figure de ce mythe et par exemple citer, au sein de notre corpus, *Gabriela, Dona Flor...* et *Tieta...* adaptations de romans de Jorge Amado. Cette figure de la mulâtresse sensuelle, si elle est ambiguë n'en reste pas moins un compromis entre le souvenir de l'esclavage, un fait historique particulier du XIXe siècle – « le blanchiment de la race » – et la nécessité d'intégrer les Noirs dans l'identité collective brésilienne. Un possible dérivé de ce mythe de la mulâtresse sensuelle et évoquant également la création d'un sujet différent nous est donné par la présence, dans les films *Quilombo* et *Xica da Silva* de la femme noire enceinte. Cette figure nous paraît comme un compromis entre le souvenir de l'esclavage que représente le film et l'idée de liberté pour la descendance telle que l'instaurait historiquement la « loi du ventre libre ». L'enfant à naître étant le symbole de l'effacement de l'esclavage des générations noires qui le précèdent.

• Le *candomblé* – espace de rituels afro-brésiliens – et le carnaval dans une moindre mesure, nous semblent être aujourd'hui les *quilombos* d'hier. En effet, c'est au sein de ces espaces que la culture Africaine se manifeste le plus. Du point de vue cinématographique, ces éléments sont souvent présents et reliés entre eux. Ainsi *Rio 40°,* racontant la dure journée des habitants d'un bidonville, se conclut sur le carnaval du bidonville. Le même schéma se retrouve dans *Orfeu* où l'annonce de la victoire des habitants du bidonville leur permet de transcender la douleur de la mort d'Orfeu. Nous reviendrons ultérieurement sur cette idée de carnaval comme espace d'oubli et de consolation.

3°) Héritage collectif entre visible et invisible

Tout comme le carnaval, les croyances afro-brésiliennes sont présentes – de façon très manifeste ou très discrète – dans le cinéma. Dans notre corpus, trois points importants sont à signaler : premièrement, une certaine invisibilité du Noir ou de l'Indien en tant que premier rôle dans le cinéma de fiction que constitue notre corpus ; deuxièmement, cette relative invisibilité se fait malgré une représentation accrue d'un héritage culturel commun ; troisièmement, nous remarquons un lien récurrent entre le Noir et un espace précis : l'esclavage ou le bidonville. Reprenons ces différents points.

- L'absence relative des Noirs et Indiens du cinéma brésilien au premier plan. :

Ce point peut être illustré par l'exemple ambigu de *Macunaïma.* Ce film est l'adaptation du roman iconoclaste de Mario de Andrade (1928) racontant l'histoire d'un « héros sans caractère » représentatif de l'identité brésilienne : un Indien à la peau de Noir qui va devenir Blanc. Que devient ce héros au cinéma ? Un Noir qui devient Blanc. Car rien, à part le prénom et la hutte dans laquelle il naît – deux attributs extérieurs de l'identité – n'évoque son indianité. L'extrait du blanchiment de Macunaïma réunit – en rappelant l'épisode du « blanchiment de la race » – l'Indien et le Noir dans une même invisibilité. Ainsi, si le roman de Mario de Andrade constitue pour Bernd (1995) un tournant dans le sens où il inclut les exclus, force est de constater que les exclus retournent symboliquement très vite à leur place : ce manque à être auquel ils sont renvoyés et à partir duquel ils ne peuvent exister qu'en devenant autre.

- La présence d'un héritage culturel syncrétique :

Le carnaval, comme les nombreuses références à la macumba ou *candomblé* est souvent présent et d'autant plus présent qu'il s'agit d'associer cet héritage à une classe populaire superstitieuse et partie prenante dans le carnaval qui va lui permettre d'être autre. Cette association peut nous amener à nous interroger sur une forme d'aliénation implicitement entendue entre les diverses formes de croyances et la situation de soumission dans laquelle se trouve la classe en question. Soumission qui trouverait son apaisement dans l'oubli de soi que permet le carnaval. C'est dans ce sens que nous pouvons comprendre la séquence finale de *Rio 40°* ou de *Orfeu* où la douleur de la perte et de la mort s'apprête à être transfigurée par le tempo des chansons de carnaval.

- La relation Noir – esclave relayée par Noir – bidonville :

Nous pouvons remarquer que le Noir, lorsqu'il n'est pas enfermé dans l'espace du riche propriétaire qu'il sert ou pour lequel il travaille, est souvent dans les lieux peu prestigieux de l'espace urbain : le bidonville le plus souvent, mais également les bas-fonds de la ville, la prison. Le lien au bidonville fait de ce décor un puissant élément identitaire mais également un lien allant de soi dans n'importe quel cas.

L'exemple de *Orfeu* illustre bien ce dernier point. S'il n'est pas esclave, le personnage principal s'il est Noir est attaché à son espace d'appartenance par excellence : le bidonville. *Orfeu,* raconte l'histoire d'un musicien qui réussit mais qui pour rien au monde ne veut quitter son bidonville – ultra modernisé, certes ! – à la question de savoir pourquoi il ne quitte pas le bidonville que lui posent différents protagonistes se chargeant du questionnement du spectateur ses réponses sont des plus simples, comme par exemple: *« Je veux que tous puissent voir que je n'ai pas besoin de faire comme toi* (du trafic de drogue) *pour réussir... ».* Lorsqu'il est enfin décidé à quitter le bidonville pour partir avec Euridice, celle-ci meurt et il mourra lui aussi au cœur du bidonville.

REFERENCES BIBLIOGRAPHIQUES

Père ANCHIETA « lettre à Laynes » cité par G. FREYRE, *Maîtres et esclaves (la formation de la société brésilienne)*_[1952] Gallimard, Paris 1974.

Zilà BERND, *Littérature brésilienne et identité nationale (dispositifs d'exclusion de l'Autre),* l'Harmattan, Paris, 1995.

Mario CARELLI, *Brésil, épopée métisse*, Gallimard, Paris 1987.

Paulo Filho CARNEIRO DA CUNHA *Mise en scène et mise en corps de l'image et du son dans le Dieu noir et le diable blond de Glauber Rocha.* Thèse de doctorat, Paris 1, 1998.
Manuela CARNEIRO DA CUNHA, « Introdução a uma historia indigena » *in* CARNEIRO DA CUNHA, *Historia dos Indios no Brasil* (dir.), Editora Schwarcz, 1992.
Carlos FAUSTO « Fragmentos de historia e cultura Tupinamba » *in Historia dos Indios no Brasil,* CARNEIRO DA CUNHA (dir.), Editora Schwarcz, 1992, p381 - 396.
Jean LAPLANCHE Jean Baptiste PONTALIS, *Vocabulaire de la psychanalyse*, [1967] P.U.F.Paris, 1998, p.163 - 164.
Pierre LEGLISE-COSTA, « La circulation des formes dans les pays de langue portugaise, quelques repères architecturaux » *in Les Amériques et l'Europe* Université de Toulouse-le-Mirail, Toulouse, 1985, p 102.
Maurice LEMOINE, *Les 100 portes de l'Amérique Latine,* [1989] Ed. de l'Atelier, Paris, 1997.
Octavio PAZ « littérature de fondation » 1961 *in* Contardo CALLIGARIS, « Brésil, pays du futur de qui ? » *in D'un inconscient post-colonial s'il existe*, Association Freudienne Internationale, Maison de l'Amérique Latine, Paris, 1992, p.196.
Katia Maria de QUEIROS MATTOSO, *Etre esclave au Brésil (XVIe-XIXe siècle)* L'Harmattan, Paris, 1979.
Darcy RIBEIRO, *Os Indios e a civilização*, Livraria Civilização Brasileira, 1970.
Hans STADEN *Nus, féroces et anthropophages* [1557] traduction française Métaillier, Paris, 1979.
Tzvetan TODOROV, *La conquête de l'Amérique (la question de l'autre)* Seuil, Paris, 1982.
Jennifer YEE, *Clichés de la femme exotique (un regard sur la littérature coloniale française)* l'Harmattan, Paris 2000.

CHAPITRE 2
ÉLABORATION D'UN MODÈLE D'ANALYSE DE LA FICTION CINÉMATOGRAPHIQUE BRÉSILIENNE

I. Le colon, l'esclave et l'anéanti : entités de l'affrontement originaire

Quelles traces laisse, dans la production cinématographique brésilienne, cet affrontement fondateur de l'identité collective ? Nous pensons cet affrontement assez fort pour qu'à partir de ses trois entités – le colon, le Noir asservi et l'Indien anéanti – nous puissions élaborer un modèle rendant compte de la diversité des thèmes des films de notre corpus et des questions fondamentales à l'œuvre dans ces thèmes abordés.

Ce modèle qui se construit au travers de rapports d'équivalences (=) et d'oppositions (≠) terme à terme, est rapporté dans la figure 1 (page suivante). Examinons ce modèle à la loupe. Décrivons les entités en jeu, les zones de questionnement que délimite un tel modèle et tentons enfin une répartition de l'ensemble de notre corpus.

A. Les entités de base et leurs doubles

- **Le colon et le *leader* :**

Le colon tout comme son double négatif, le *leader* politique, transforme l'espace dans lequel il advient, mais alors que le premier anéantit pour s'approprier le bien d'autrui et l'asservit pour asseoir son pouvoir dans cet espace, le second revendique la désaliénation des Hommes et la répartition des biens. Son espace de référence est un espace utopique à conquérir, espace à partir duquel il va remettre en question le pouvoir en place. Ce pouvoir est celui mis en place par le colon dans un espace d'affrontement et d'exploitation.

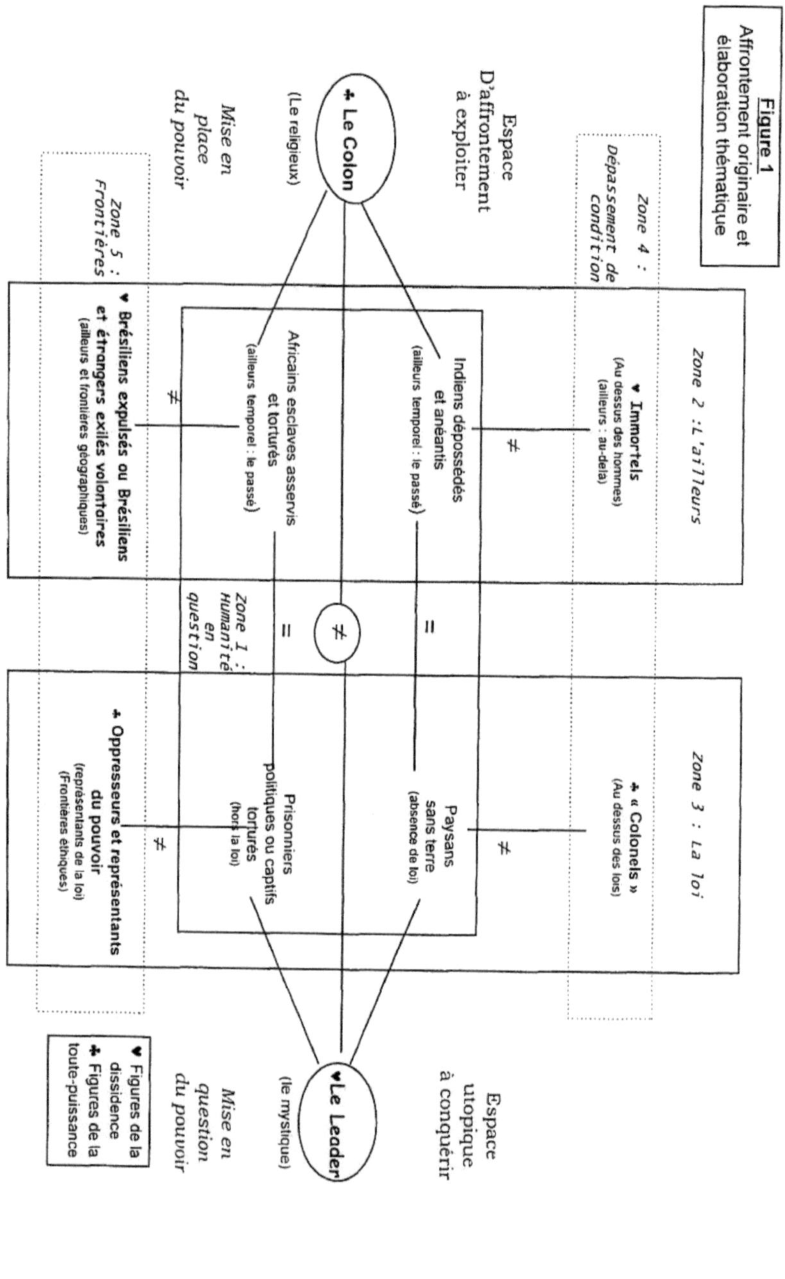

Figure 1
Affrontement originaire et élaboration thématique

- **Indiens, paysans, esclaves et prisonniers :**

A partir de ces deux pôles nous pouvons établir des correspondances entre l'environnement humain de chacun de ces termes : aux Indiens dépossédés par le colon, nous faisons correspondre les paysans sans terre ou peuple dépossédé pour lequel combat le leader. Aux esclaves captifs et torturés révélateurs de la toute-puissance du colon, nous faisons correspondre l'opposant et prisonnier politique révélateur de l'impact de la parole subversive du leader.

- **Immortels, exilés, « colonels » et oppresseurs :**

Si nous cherchons maintenant les doubles négatifs que nous pouvons opposer à ces anéantis et dépossédés, nous opposons aux Indiens disparus, les immortels, les revenants de l'au-delà, les indestructibles. Aux esclaves ramenés de force au Brésil, nous opposons les Brésiliens contraints à l'exil (opposition Brésil-hors Brésil) et les Brésiliens ou étrangers exilés volontaires (opposition contrainte-choix). Aux paysans et peuples dépossédés, nous opposons le « colonel », grand possesseur terrien, emblématique de l'avoir et de la possession. Aux prisonniers politiques, nous opposons ceux qui les traquent et les torturent, les oppresseurs et représentants du pouvoir. Remarquons que ces deux premières oppositions – les immortels et les exilés – n'établissent pas de rapport de complémentarité avec leurs référents – indiens et esclaves – contrairement aux deux dernières : le dépossédé est complémentaire au possédant et le tortionnaire au torturé. La raison de cette différence tient précisément dans ce que nous avons développé précédemment, à savoir la forclusion de l'Indien et le refoulement du Noir qui ne vont autoriser leur retour que sous une forme déguisée – ce qu'un simple contraire complémentaire ne peut réaliser. C'est leur transposition en paysan ou peuple dépossédé et en captifs politiques qui va permettre d'élaborer cette complémentarité négative. Car en effet, « colonels », oppresseurs et représentants du pouvoir constituent tout autant leurs doubles négatifs complémentaires. Comme le colon, ils font figure de toute-puissance dévastatrice. Le leader, les immortels et les exilés feront quant à eux, figure de dissidence, de séparation et de schisme.

B. Les différentes zones de questionnement

Une fois posées ces figures emblématiques, nous pouvons remarquer des regroupements en zones :

* *la zone 1* (grisée) est la zone où l'humanité est questionnée : les Indiens ont-ils une âme ? Les Noirs sont-ils moins humains que les Blancs ? Les paysans du *sertão* sont-ils du bétail ? A quelle humanité renvoie le torturé ?
* *La zone 2* questionne sur la projection de l'Homme dans un ailleurs. Ailleurs hors espace-temps – l'au-delà auquel renvoient les immortels –, ailleurs temporel – les méandres du passé – et l'ailleurs géographique des exilés.
* *La zone 3* met l'Homme face à la loi qu'il contourne ou ignore sans conséquence ; qu'il attend en vain, qu'il subit ou qu'il représente.
* *La zone 4* interroge la transcendance d'une condition humaine mortelle et matérielle.
* Enfin, *la zone 5* est celle du franchissement de limites géographiques ou morales et psychologiques.

II. Répartition des films du corpus à l'intérieur du modèle

Si nous acceptons que ces figures emblématiques puissent être élargies à celles qui possèdent les mêmes principales caractéristiques et qui posent les mêmes questions de fond, nous pouvons répartir l'ensemble de notre corpus tel que l'illustre la figure 2 (page suivante).

A. Proposition

Cette répartition ne tient compte que de la trame principale du film, car en effet un seul film peut mettre en évidence la tension de ces différentes zones et figures emblématiques. Si nous prenions l'exemple de *Xica da Silva,* nous pourrions tracer le parcours du personnage principal qui sort de la zone 1 – esclave – pour intégrer

Figure 2
Répartition du Corpus

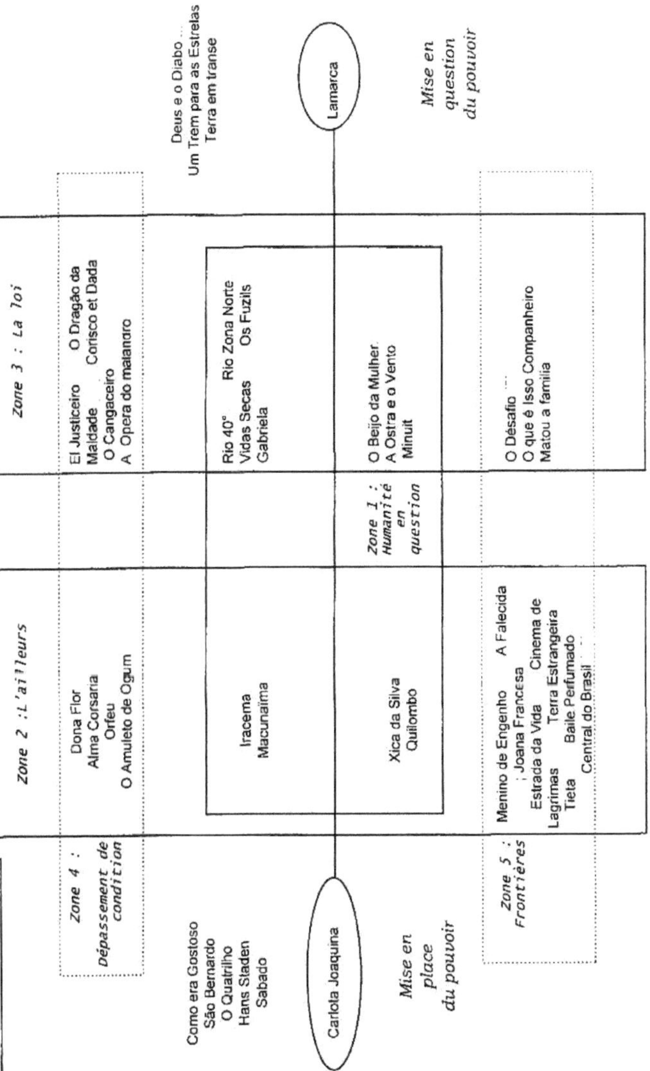

l'espace d'affrontement et d'exploitation du colon – João Fernandes – dans lequel, elle adoptera à son tour, les conventions d'usage – asservissement d'autrui –. Puis Xica traversera de nouveau la zone 1 pour rejoindre Teodoro, le rebelle qui fait figure de *leader* dans son espace de retranchement – d'utopie et de liberté – avant de repartir vers l'espace opposé. Dans ce trajet de retour, elle sera confrontée à la torture de Teodoro. Elle quittera finalement l'espace d'affrontement pour se réfugier dans un couvent et devenir immortelle comme le lui prédira José. L'immortalité l'acquittera de son anéantissement et de sa dépossession finale.

Mais revenons à la répartition de l'ensemble des films, car loin d'être réductrice comme nous pourrions le craindre, elle permet au contraire de voir se constituer un discours général et cohérent par rapport aux questions abordées. Cette répartition du corpus dans les différentes zones du modèle, nous permet d'approfondir ce qui a été étudié dans la première partie de cet ouvrage : en effet exclus, expulsés, déracinés, traqués, prisonniers hors normes, surprotégés, illuminés, dépressifs et dépossédés, dont nous avons vu les principales représentations, caractéristiques et fonctions se retrouvent dans ces différentes zones et font de celles-ci un ensemble pertinent dans la compréhension de ce qui est représenté du collectif brésilien dans le cinéma. Cette représentation peut être schématisée à la réflexion suivante : depuis le début de l'histoire brésilienne, l'humanité ou la dignité humaine sont mises en question (zone 1). Pourquoi ? Parce que la loi n'existe que pour les plus fort (zone 3). Comment échapper à cette réalité ? En s'évadant dans la foi, en reconsidérant notre histoire, ou en quittant un lieu pour un autre (zone 2). Concernant ces derniers points, nous avons vu au chapitre 2, qu'à l'au-delà joyeux et protecteur de Vadinho (*Dona Flor...*) de Gabriel (*O amuleto de Ogum*) ou de Orfeu (*Orfeu)* se superpose un au-delà mystificateur et aliénant du peuple du Nordeste (*Deus e o diabo*, *Os fuzis*, *O dragão da maldade, Corisco e Dadà*) ; nous avons vu dans ce chapitre que des parties de notre histoire brésilienne sont refoulées et forcloses ; enfin, nous avions vu au chapitre 1 que l'ailleurs géographique pour le Brésilien n'était qu'un lieu de transit douloureux, rarement une patrie de rechange comme pouvait l'être le Brésil pour des étrangers. Cela ne revient-il pas à souligner qu'au final l'Homme ne peut échapper à sa réalité tant qu'il consent à changer ses désirs – en s'installant dans une fuite illusoire – plutôt que l'ordre du monde ?

B. Justification

Un film ne se trouve pas forcément à une place unique. C'est la prise en considération d'une dimension thématique saillante parmi d'autres et le fait de privilégier celle-ci dans la compréhension générale du film pris dans un ensemble de films qui nous permet de le classer dans telle ou telle zone. C'est donc une répartition possible – celle qui nous apparaît comme la plus pertinente – que nous justifions ici.

Zone 1 : humanité en question

Cette zone est constituée de quatre entités : les Indiens dépossédés ; les esclaves ; les paysans sans terre et les prisonniers. Reprenons pour chacune de ces entités, les films de notre corpus qui illustrent leurs différentes problématiques.

- Indiens dépossédés et anéantis :

Dans *Iracema* comme dans *Macunaïma* les protagonistes sont indiens, Iracema va le nier ; Macunaïma va devenir Blanc et blond. Ils cessent donc d'être Indiens à leurs yeux.

- Africains, esclaves asservis et torturés :

Xica da Silva et *Quilombo* mettent en scène l'esclavage africain au temps de la colonisation.

- Paysans sans terre :

Rio 40, Rio Zona Norte, Vidas Secas, Os Fuzils, Gabriela. Dans les bidonvilles des grandes villes ce sont les déshérités venus des campagnes qui s'entassent, nous considérons donc que tout comme les paysans sans terre, c'est la dépossession d'un lieu à soi qui est à l'œuvre dans tous ces films.

- Prisonniers politiques ou captifs torturés :

O Beijo da Mulher Aranha, A Ostra e o Vento, Minuit. Au-delà de la torture physique qui est commune aux esclaves et aux prisonniers politiques et autres captifs représentés, la torture morale est mise en scène au travers des corps stigmatisés de Marcela (*A Ostra e o Vento*) qui saigne et de João (*Minuit*) qui tente, essoufflé, de fuir la mort. Dans ces deux films, la captivité est représentée, de même que pour les esclaves noirs, comme un déchirement dans le rapport filial : les Noirs ont perdu la terre mère, Marcela a perdu sa mère, João perd le vieux « Vovô » («papy ») avec qui il partage sa cellule.

Zone 2 : l'ailleurs

Cette zone comprend différents ailleurs : l'ailleurs de l'au-delà qui est celui des Immortels ; l'ailleurs temporel, le passé des Indiens anéantis et des esclaves noirs ; l'ailleurs géographique des Brésiliens et étrangers en exil.

- Immortels : un ailleurs hors espace-temps.

Dona Flor e seus dois Maridos, Alma Corsaria, Orfeu et *O Amuleto de Ogum* : tous ces films proposent l'au-delà comme négation de la mort. Vadinho (*Dona Flor*) comme Xavier et Teodoro (*Alma Corsaria*) jouissent en épicuriens de cet ailleurs ; Orfeu et Euridice (*Orfeu*) dansent, immortels, au son des tambours du carnaval et Gabriel (*O Amuleto*), par son lien avec *Ogum* – divinité afro-brésilienne – se joue de la pègre.

- Indiens dépossédés et anéantis, Africains esclaves asservis : un espace temporel, le passé

Iracema, Macunaïma, Xica da Silva, Quilombo mettent en lumière l'intégration ou la non intégration du passé comme constitutif de la construction mentale de l'idée d'un ailleurs : Iracema qui nie son identité comme Macunaïma qui la perd, tentent en vain d'échapper à leur espace d'appartenance pour un ailleurs illusoire qui ne fera que les renvoyer encore davantage à leur propre espace devenu menaçant. Xica da Silva connaîtra le même sort et les esclaves de *Quilombo* vont intégrer les traditions et histoires, en somme la mémoire, pour constituer ce lieu de liberté qu'est le *quilombo*.

- Brésiliens expulsés ou Brésiliens et exilés volontaires : un ailleurs géographique

Nombreux sont les départs vers un ailleurs consolateur ou perçu comme tel mais un ailleurs souvent très ambivalent. Dans *Menino de Engenho*, Carlos part dans le village de Santa Rosa à la suite du décès de sa mère ; dans *A Falecida*, Zulmira traverse toute la ville pour rejoindre une cartomancienne qui lui donnera le goût de la mort ; dans *Joana Francesa* Joana part à Santa Rita découvrir ses propres valeurs morales ; dans *Na Estrada da Vida*, les deux protagonistes se rendent à São Paulo pour devenir célèbres ; *Cinema de Lagrimas* nous montre Rodrigo qui part au Mexique pour se raccrocher à la vie ; *Terra Estrangeira* met en scène de jeunes Brésiliens vivotant au Portugal ; *Tieta...* revient dans son village natal ; dans *Baile Perfumado,* Abrahão arrive au Brésil pour fuir les guerres du Liban et *Central do Brasil* raconte l'aventure de Dora et Josué qui traversent tout le pays pour réparer leur foi en l'autre ; l'ailleurs géographique est la condition *sine qua non* d'une survie psychologique ou physique.

Zone 3 : la loi ou inégalité des hommes face à la loi

Cette zone comprend ceux qui sont au-dessus des lois – les « colonels » – ceux pour qui il y a absence de loi – les paysans sans terre – ceux qui se trouvent hors la loi – les prisonniers politiques – et ceux qui représentent la loi – les oppresseurs et représentants du pouvoir.

- « Colonels » : ceux qui sont au-dessus de la loi

El Justiceiro, O Dragão da Maldade..., Corisco e Dada, O Cangaceiro et *A Opera do Malandro* mettent tous en lumière un personnage se plaçant d'emblée au-dessus de la loi. Ces personnages ont en commun le fait de posséder un espace précis dans lequel leur justice inexorable advient. Cet espace est celui des quartiers chics et de l'argent (*El Justiceiro*) du port et des petits trafics (*A Opera do Malandro*) ou du *sertão* (*O Dragão da Maldade, Corisco e Dada, O Cangaceiro*).

- Paysans sans terre : ceux qui souffrent d'une absence de loi.

Rio 40°, Rio Zona Norte, Vidas Secas, Os Fuzils et *Gabriela* sont des films qui illustrent la précarité de l'individu lorsque la seule loi est celle du plus fort. Repliés dans les bidonvilles ou condamnés à quitter le *sertão*, les personnages des films sont emblématiques de l'idée selon laquelle si la loi ne protège pas les plus faibles elle les condamne à disparaître.

- Prisonniers politiques ou captifs torturés : les victimes de la loi.

O Beijo da Mulher Aranha, illustre l'Homme face à la loi dictatoriale ; *A Ostra e o Vento* place la fillette face à la loi anéantissante du père ; *Minuit* évoque l'Homme face à la loi du milieu. Ces films illustrent l'Homme toujours broyé par la loi arbitraire.

- Oppresseurs et représentants du pouvoir : ceux qui cautionnent la loi arbitraire.

Dans *Desafio* et_*O que é Isso Companheiro* nous assistons à deux types de mécanismes propres à l'instauration et la pérennité d'une loi arbitraire : la confusion et la désorganisation psychique qu'elle entraîne chez les citoyens d'une part, à l'instauration de la peur en traquant tous les opposants au régime, d'autre part. Le film *Matou a familia...* met en scène, quant à lui, un autre arbitraire : celui de tuer sans raison apparente et sans culpabilité majeure.

Zone 4 : le dépassement de condition

Cette zone comprend les deux moyens dont dispose l'Homme pour échapper à la réalité qui l'oppresse : dépasser sa condition d'Homme soumis à la mort (les immortels) ou dépasser sa condition d'Homme soumis à la loi (ceux qui se trouvent au-dessus des lois).

- Immortels : ceux qui se situent dans l'au-delà de la réalité.

Dans les films *Dona Flor e seus Dois Maridos, Alma Corsaria, Orfeu* et *O Amuleto de Ogum*, la mort n'existe pas, elle est le prolongement de la vie sous la forme d'une réalité plaisante.

- « Colonels » : ceux qui sont au-delà de la réalité angoissante.

El Justiceiro, O Dragão da Maldade..., Corisco e Dada, O Cangaceiro et *A Opera do Malandro* nous donnent à voir des personnages suffisants pour lesquels la réalité incommodante est anéantie par l'instauration de leur propre loi.

Zone 5 : les frontières franchies

Cette zone contient deux figures du dépassement : celle du dépassement de frontières géographiques, celle du dépassement de frontières éthiques.

- Brésiliens expulsés ou Brésiliens et exilés volontaires

Différents films de notre corpus développent l'idée de la nécessaire traversée des frontières géographiques pour permettre aux protagonistes d'exister. C'est le cas de *Menino de Engenho, A Falecida, Joana Francesa, Na Estrada da Vida, Cinema de Lagrimas, Terra Estrangeira, Tieta, Baile Perfumado* et *Central do Brasil.*

- Oppresseurs et représentants du pouvoir : ceux qui traversent les frontières éthiques

La transgression des frontières éthiques est le plus souvent illustrée par des films évoquant la dictature et ses représentants : *O Desafio* et *O Que é Isso Companheiro*. Nous pouvons aussi considérer *Matou a familia* comme emblématique de la transgression éthique permise par la perversion et la folie.

Zone 6 : espace d'affrontement à exploiter

Cette zone, qui se tient à la périphérie de notre modèle, est celle du Colon. *Como era Gostoso Meu Francês*, *São Bernardo, Sabado, O Quatrilho* et *Hans Staden* montrent des Hommes dans un espace où l'affrontement règne et où l'exploitation de cet espace est la loi. Qu'il s'agisse d'une terre à conquérir, d'une terre à faire fructifier pour y vivre ou d'un espace à utiliser pour des besoins publicitaires (comme c'est le cas dans *Sabado*) cette exploitation a pour conséquence la mise en place d'un pouvoir au nom d'un principe : la fin justifie les moyens, il faut maîtriser la terre, les Hommes, les émotions. La raison du plus fort est toujours la meilleure : cette force peut être une force économique, psychologique ou technologique suivant les films.

Zone 7 : espace utopique à conquérir

Cette zone, qui se situe à la périphérie de notre modèle est celle du leader. *Deus e o Diabo na Terra do Sol, Um Trem para As Estrelas* et *Terra em Transe* nous parlent de cet espace qui ne peut se révéler qu'utopique : celui d'une vie meilleure pour les Hommes. Un espace qui passe nécessairement par une remise en question du pouvoir en place, qu'il s'agisse du pouvoir de la foi aveugle ou de la violence ou encore du pouvoir de la loi arbitraire du plus fort qui dépouille le plus faible.

Dans ces deux dernières zones, *Carlota Joaquina* se révèle être emblématique de la figure du **colon** : exploitation de l'espace, asservissement des Hommes, anéantissement d'autrui ; et *Lamarca* se révèle emblématique de la figure du ***leader*** politique : construction d'un espace de rébellion, volonté de libérer le peuple qu'il considère comme un peuple d'esclave, donner sa vie pour sauver autrui.

Le cinéma participe à la transmission de l'histoire – au travers de différents discours sur l'histoire. Ce faisant, il puise dans la mémoire collective les éléments à retenir mais aussi les refoulements et forclusions qu'il va organiser en nouvelles représentations. Nous avons dégagé les éléments forts de la représentation de la rencontre des trois groupes humains constitutifs de l'identité collective brésilienne à partir de l'analyse de *Como era Gostoso meu francês, Xica da Silva, Quilombo*, et *Hans Staden.* Ces éléments – le colon, l'esclave et l'anéanti ou le Blanc, le Noir et l'Indien tels qu'ils se présentent dans leur interaction originaire – nous semblent constituer le noyau central de la représentation elle-même. C'est autour de ce noyau central que gravitent les discours sur ce qu'est notre identité brésilienne, ces discours devenant alors autant de représentations périphériques. C'est à partir de ce noyau central que nous avons pu proposer un modèle qui tente d'intégrer les représentations périphériques dont sont porteurs tous les films de notre corpus.

TROISIÈME PARTIE
IDENTITÉS INDIVIDUELLES, EXPRESSIONS DU COLLECTIF

CHAPITRE 1
IDENTITÉS DE LIEU

Nous avons étudié au chapitre précédant la représentation de l'origine du Brésil. Qu'en est-il de la nature de ce pays ? Qu'est-ce que le Brésil ? Comment vit-on au Brésil ? C'est au travers du discours des personnages que nous pourrons parvenir à l'expliciter afin d'analyser, dans un deuxième temps, comment à l'intérieur d'une conception dominante de la société brésilienne, l'individu exprime son identité et en quoi cette expression individuelle peut être intimement rattachée à la représentation collective des réalités brésiliennes.

I. le Brésil comme objet de discours

Attachons-nous en premier lieu à dégager, à l'intérieur de notre corpus, la façon dont les personnages conçoivent le Brésil[3]. Nous ne retiendrons du discours général des différents personnages que les phrases explicitement attachées à décrire ce qu'est le Brésil, au détriment de celles, ô combien plus nombreuses, y faisant des références implicites ou discrètes. Procédant ainsi, nous nous inscrivons dans une conception qui rattache l'implicite à une idée explicitement véhiculée précédemment ou ultérieurement.
Analyser l'explicite permet, dès lors, une réflexion voire une explication sur l'implicite et sa raison d'être. Nous avons regroupé les films dans lesquels le Brésil acquiert, au travers des mots, une identité. Dix-huit films dans notre corpus expriment ce qu'est le

---

[3] L'article de A.AMANCIO « Em busca de um cliché (Panorama atual do Brasil no cinema estrangeiro de ficção) in Socine II e III, Estudos de Cinema, Annablum, São Paulo, 2000 rapporte les principaux résultats de sa recherche concernant l'image du Brésil dans le cinéma étranger. Il est intéressant de remarquer que, dès lors qu'il cherche à le définir, le cinéma brésilien, véhicule du Brésil certains des stéréotypes retrouvés par Amancio dans le cinéma étranger, en particulier l'idée du paradis et ou de l'enfer.

Brésil : *Rio 40°, Deus e o Diabo na Terra do Sol, O Desafio, A Falecida, El Justiceiro, O Dragão da Maldade..., São Bernardo, Joana Francesa, O Amuleto de Ogum, Iracema..., Um Trem para as Estrelas, Lamarca, Carlota Joaquina, Sabado, O Quatrilho, Terra Estrangeira, O Cangaceiro* et *O Que é Isso companheiro.*

A. Analyse de la source

Intéressons-nous aux sources des messages (ou *qui* dit quoi) ; nous remarquons que nous pouvons répartir celles-ci en cinq groupes distincts organisant chacun des conceptions et des idées sur le Brésil : les artistes et ceux qui travaillent à la périphérie du monde du spectacle ; les gens de pouvoir et ceux qui sont à la périphérie du monde de l'argent ; les gens de savoir ; les religieux et prêcheurs ; les militants.

1°) L'art : les artistes et ceux qui travaillent à la périphérie du monde du spectacle

Nous retrouvons, dans ce groupe, le chanteur de *Rio 40°* annonçant que *« l'esclavage au Brésil est terminé »*, les chanteurs et la bande son de *O Desafio* qui, chiffres à l'appui, dénoncent la triste réalité brésilienne à savoir que *« 500 enfants meurent chaque jour (...) l'inflation a grimpé de 400% (...) 99% de notre peuple n'arrive pas jusqu'à l'université...En 1950 plus de 2 millions de Nordestins ont connu la faim. C'est 10% de la population du Ceara, 13% du Piaui, 15% de Bahia, 17% d'Alagoas »*

Dans une séquence de *Sabado* les protagonistes échangent leurs conceptions bien particulières du Brésil. Face au délabrement d'un patrimoine immobilier, Magda s'indigne : « *C'est dommage ce délabrement, c'est si beau ! Pourquoi faut-il que cela se délabre comme ça ?* » « Parce que t'es au Brésil ici ! » lui répond son interlocuteur.

La mise en parallèle de ces deux citations - les chiffres des chanteurs venant relativiser les joies de la fin de l'esclavage au Brésil, et la conception des personnages de *Sabado* - nous permet d'emblée de rappeler qu'un savoir du sens commun, celui dont dispose aisément la collectivité, s'élabore à partir d'une série de

transformations d'éléments organisés d'un savoir scientifique[4] dont les statistiques et les références à l'histoire peuvent constituer une voie d'accès. Afin d'expliquer le monde dans lequel il vit, l'individu construit, à partir d'éléments véhiculés dans la société, sa représentation d'une situation. Le Brésil des chanteurs et des personnages de *Sabado* est le même mais la vision de celui-ci est différente. Dans la première citation, c'est une situation d'ensemble qui est dénoncée, dans la deuxième citation, celle des protagonistes de *Sabado,* c'est une façon d'être, bien plus que la misère, qui explique la saleté et le délabrement. Magda et Aïmar, dans leur explication de ce qu'est le Brésil, surestiment la part qui provient de l'individu - qui n'a aucun goût, qui est sale - et sous-estiment la part qui résulte de la situation[5] - la misère dénoncée par les chanteurs -.
Dans ce groupe, nous retrouvons aussi Paco de *Terra Estrangeira* qui rêve de faire du théâtre et Alex, la muse de son compagnon saxophoniste, qui se rencontrent au Portugal et gardent du Brésil l'idée d'un lieu de déception évocateur d'angoisse, un lieu qui n'appartient qu'au passé.

2°) Le pouvoir, la loi, l'argent : les gens de pouvoir et ceux qui se trouvent à la périphérie du monde de l'argent

Nous retrouvons tout d'abord dans ce groupe les représentants du pouvoir en place ou pouvoir officiel ainsi que les représentants de la pègre ou justiciers à leur propre solde. Le riche propriétaire terrien de *Rio 40°* ainsi que Matos, le candidat politique de *O Dragão da Maldade...* et le royal Dom João de *Carlota Joaquina,* ont du Brésil

[4] Comme le démontrent les études de Moscovici sur comment s'élabore, dans la population, le savoir relatif à la psychanalyse et où le sens commun est produit à partir de transformations d'explications scientifiques diffusées par les médias. Sur ce point précis voir, S. MOSCOVICI, (1976), *op.cit.*

[5] Cette tendance éminemment partagée à surestimer les causes internes au détriment des causes externes à l'individu a été largement étudiée par la psychologie sociale dans les recherches relatives aux attributions causales. Lee Ross, psychologue américain a donné à cette tendance, le nom d' «erreur fondamentale ». Sur ce point précis voir R. GUIGLIONE et J.F. RICHARD (dir.) Cours de psychologie, vol.2, Dunod, Paris, 1994, p. 182 - 186.

l'idée d'un pays qui va prospérer à leur avantage particulier : un ami au ministère va améliorer la situation du pays, le pays entre dans un nouveau cycle économique grâce aux dollars américains et le Brésil va continuer à offrir ses richesses naturelles à la couronne portugaise. C'est aussi dans ce groupe que nous retrouvons Timbira de *A Falecida* pour qui le monde de l'argent constitue une référence précieuse - et pense que grâce à l'argent du jeu, la situation brésilienne pourrait changer - et le dépossédé de l'immeuble de *Sabado,* qui exprime la rupture entre la vision dominante d'une situation à changer et la conscience de l'étendu de la situation : *« Avant c'était le luxe ici, maintenant tout est foutu...ils donnent pour le Nordeste, pour l'Afrique... »*

Quant au commissaire Freitas de *Um Trem para as Estrelas* et les touristes américaines de *Rio 40°*, ils voient dans le Brésil un pays arrêté dans le temps, *« so primitive »* disent les Américaines. Le commissaire Freitas regarde les superstitions et croyances brésiliennes d'un œil très critique : *« Le Brésilien est un âne, mon ami ! Le Brésilien est réellement un âne ! ...C'est pour ça que l'Européen ne nous respecte pas ! »*
« Vous comprenez, je suis un homme de savoir, un homme formé, préparé, j'ai fait la fac. Comment voulez-vous que je respecte ces superstitions ? » Le Brésil apparaît encore une fois comme un pays scindé entre ceux qui ont eu accès aux études, et comme les Européens ou Américains ne peuvent supporter ces superstitions et les « ânes » qui freinent l'évolution d'un pays. Ceux qui à l'instar de Santinha et de Zumbi, le Noir amoureux d'elle, restent profondément attachés à sa foi et à un possible changement miraculeux. Pour le Colonel Horacio de *Dragão da Maldade...,* le changement est impossible : *« Ils sont devenus fous ceux qui ont voulu changer le sertão».* Dans ce même groupe, El Jus le protagoniste d'*El Justiceiro,* qui n'opère que des semblants de

changements, dira que le Brésil est un pays incroyable[6]. Quant à *Carlota Joaquina*, elle préfère oublier jusqu'à sa venue au Brésil.

3°) La connaissance: les gens de savoir

Dans ce groupe le professeur, personnage de *Dragão da Maldade...*, tout comme le conteur de *Carlota Joaquina* appuient leur idée du Brésil en fonction d'un savoir historique : la prospérité brésilienne fait partie du passé.

C'est aussi dans cette catégorie que nous incluons le carton introductif de *O Quatrilho* qui rappelle, par le biais d'un fait historique, l'utopie passée que représentait le Brésil : « Quittant leur patrie, à la recherche de jours meilleurs, nombreux furent les immigrants italiens à se diriger vers la lointaine Amérique au cours de la deuxième moitié du siècle passé. Une importante partie de ces aventuriers débarqua dans l'extrême sud du Brésil. Là où eux, leurs enfants et petits-enfants construiront une société prospère basée sur la petite propriété rurale puis ultérieurement sur le commerce et l'industrie ».

4°) La foi, les religieux et prêcheurs

Nous retrouvons dans ce groupe les prêtres Silvestre de *São Bernardo* et Seixas de *Joana Francesa*, le mystique Sebastião de *Deus e o Diabo na Terra do Sol,* mais également le cas particulier de Tião Brasil Grande de *Iracema...* dont la foi aveugle en la grandeur du Brésil en fait un prêcheur aux formules toutes faites. Le père Silvestre voit un pays qui va mal et dont le malaise annonce une révolution à venir, le Seixas dit timidement et sans y croire qu'il est dans une démocratie, Sebastião emmène ses fidèles sur le chemin qui mène au paradis, chemin construit par Cabral - celui qui « découvrit » le Brésil -. Tião enfin part sur les routes annonçant que tout va pour le mieux, qu'il suffit de vouloir prendre son destin

---

[6] L'expression exacte du personnage est intraduisible : *« O Brasil é fogo »* dit-il. Cette idée véhiculant l'image du feu, évoque à la fois l'idée d'un pays incroyable, dur et urgent.

en main et de croire en son avenir pour réussir dans ce pays « *chaque fois plus grand* ».

5°) La politique, les militants

Dans ce groupe nous retrouvons Araci et Lenine de *El Justiceiro,* qui tentent de prendre conscience des véritables problèmes du Brésil. Bonne conscience ou prise de conscience, leur réflexion vient bousculer la conscience mégalomane et égocentrique de El Jus, justicier des beaux quartiers. Plus radicale est la vision de Fernando de *O Que é Isso Companheiro* qui décide de kidnapper l'ambassadeur des Etats-Unis pour faire pression sur un pays où des personnes sont détenues arbitrairement et torturées, et celle de *Lamarca*, déserteur de l'armée et guérillero qui rêve de changer son pays et le dénonce en tant que « pays d'esclave ».

B. Analyse du message : un Brésil paradoxal

L'analyse du contenu des différents messages véhiculés par les personnages illustre une représentation générale d'un Brésil paradoxal, où les différentes représentations se regroupent autour d'oppositions. Ce regroupement permet de faire émerger des discours construits en oppositions (≠).

Pays et peuple extraordinaire		**Pays et peuple décevant**
→*« L'extrême Sud du Brésil vit arriver des migrants italiens qui avec « leurs enfants et petits-enfants construiront une société prospère » (O Quatrilho)* →*« Les Brésiliens sont le peuple le plus généreux du monde » (El Justiceiro)* →*« Le Brésil est incroyable » (El Justiceiro)* →*« Wonderful country... » (Rio 40°)*	≠	→*« Wonderful country, but so primitive » (Rio 40°)* →*« Le Brésilien est un âne, mon ami ! Le Brésilien est réellement un âne ! » (Um trem...)* →*« C'est dommage ce délabrement, c'est si beau ! Pourquoi faut-il que ça se délabre comme ça ? »* →*« T'es au Brésil ici ! » (Sabado)* →*« quand je pense à retourner au Brésil....ça me donne froid dans le dos... « (Terra estrangeira)* →*« Ils pensaient que le Paradis était là-bas ...Pauvres Portugais ! Ils sont tombés sur le Brésil » (Terra estrangeira)* →*« De ce pays, je ne veux garder ni même la poussière » (Carlota Joaquina)*

Pays prospère pays d'avenir

→*« Terre aimée...je tirerai encore beaucoup de toi (Carlota Joaquina)*
→*« Avec mon compère au ministère, la situation du Brésil va s'améliorer ! » (Rio 40°)*
→*« Du calme ! Le Brésil est à nous ! » (Rio 40°)*
→*« ne soyez pas pessimiste, nous allons entrer dans un cycle économique ! » (Dragão..)*
→*« Professeur, ce sont les dollars américains qui vont sauver ce pays! »* (Dragão…)
→*Le Brésil est le meilleur pays du monde (Iracema)*
→*L'extrême Sud du Brésil vit arriver des migrants Italiens qui « Là où eux, leurs enfants et petits-enfants construiront une société prospère (Quatrilho)*

≠

Pays du passé

→*« les cycles que je connais sont celui du cacao, du café de l'or, des pierres précieuses, du sucre du pétrole et de la gomme » (Dragão)*
→*« Avant 1945, le Brésil a été en guerre du côté de l'Europe, hein, il en a gagnée une, n'est-ce pas ? (Dragão)*
→*« Ils sont devenus fous ceux qui ont voulu changer le sertão» (Dragão)*
→*« Je ne veux pas retourner au Brésil ! Je n'ai pas comment retourner au Brésil » (Terra estrangeira)*
→*« Le Brésil était très riche à l'époque et Dom João voulait tout pour lui » (Carlota Joaquina)*

Pays de droit

→*« Ici c'est une démocratie madame ! » (Um trem…)*
→*« Ici c'est une démocratie ! » (Joana Francesa)*
→*« l'esclavage au Brésil est terminé » (Rio 40°)*

≠

Pays de misère et de violence

→*« Des problèmes graves existent dans ce pays » (El justiceiro)*
→Les brésiliens vivent dans la misère, chiffres à l'appui (O desafio)
→*« regarde, c'est un pays d'esclave ! » « Au Brésil, il y a des enfants pieds nus et affamés » (Lamarca)*
→*« La crise, le peuple, les ouvriers, t'as déjà pensé aux enfants mourant de faim au Nordeste » (El jus)*
→*« les rapts, les viols, les magouilles politiques, l'injustice sociale...À vrai dire, j'ai même l'impression que tout ça a empiré ! ...» (Cangaceiro)*
→Des gens y sont détenus, torturés (O que é isso)
→*« Le pays est au bord du gouffre» (São Bernardo)*

Pays où les hommes sont instruments de changement		**Pays dont superstitions empêchent l'évolution**
→*« l'homme sur cette terre n'a de valeur que s'il prend les armes pour changer le destin... » (Deus e o diabo)* →*« C'est un temps de guerre » (Desafio)* →*« Ils sont devenus fous ceux qui ont voulu changer le sertão» (Dragão)* →*« il va y avoir une révolution ! » (São Bernardo)* →*« la solution du Brésil, c'est le Jeu de la bête si j'étais président, je nommerai Anacleto comme ministre de l'intérieur » (A falecida)*	≠	→*« C'est pour cela que les Européens ne nous respectent pas ! »(Trem...)* →*« Corps fermé ? ! Lisez ça ! C'est pour cela que le Nordeste n'avance pas» (Amuleto de Ogum)*
Un paradis		**Entre ciel et enfer**
→*« C'est Dom Pedro Alvares qui a découvert le Brésil et construit cet escalier de pierre et de sang...* (qui permettait à l'âme des innocents de gagner le ciel).*» (Deus e o diabo...)* →*« Ils pensaient que le Paradis était là-bas... » (Terra estrangeira)*	≠	→*«ni au Brésil, ni au ciel, ni en enfer, il n'y a de place pour les cangaceiros » (Dragão.)* →*« Avant c'était le luxe ici, maintenant tout est foutu...ils donnent pour le Nordeste, pour l'Afrique... » (Sabado)* →*« Pauvres Portugais ! Ils sont tombés sur le Brésil » (Terra estrangeira)*

Nous le voyons comme un écho au chapitre précédent, ces oppositions renvoient aux différentes représentations du Brésil, oscillant entre le lieu de l'utopie passée, présente ou à venir et le lieu de l'affrontement social, politique et humain.

II. Le Brésil et ses espaces : l'identité à l'épreuve des lieux

Au-delà du message véhiculé sur le Brésil, qu'en est-il de l'impact de ses lieux sur l'identité des protagonistes ?

A. Le *sertão*

Nous avons déjà souligné l'impact de cet espace, caractérisé par l'absence de repères spatiaux, sur l'identité de celui qui le traverse. Errance physique et psychique, folie, mysticisme, violence et mort sont les principales menaces qui pèsent sur les personnages confrontés à ce territoire. La mort des bêtes, des paysans, la faim, l'errance des familles (« *on va pas continuer à vivre comme ça, à fuir comme des bêtes* » dit Vitoria de Vidas Secas) sont les éléments associés à cet espace. Dans *Corisco e Dada,* tout comme dans *Vidas Secas*, nous pouvons repérer une frontière ténue entre l'Homme et la bête, entre le sacré et le profane. Pour survivre, les personnages tentent de s'arracher au cheminement erratique auquel semble les condamner cet espace.

B. La grande ville

Dans la grande ville, l'identité est menacée par l'enfermement (*O Beijo da Mulher Aranha, Lamarca, Alma Corsaria, Terra Estrangeira, O cangaceiro, Ação entre Amigos, Minuit*), par l'exclusion (*El Justiceiro, Cinema de Lagrimas*), par l'agression physique (*Rio 40°, Lamarca, Alma Corsaria, Ação entre Amigos, Central do Brasil, Minuit*) ou par la perte de soi (*Rio Zona Norte*, *O Desafio, A Falecida, Macunaïma, Um Trem....)*

C. Le bidonville

Le bidonville est un licu paradoxal. C'est un lieu d'agression armée (des enfants y sont torturés dans *O Amuleto de Ogum,* Chico y est assassiné par son ami dans *Minuit* et un pédophile est assassiné, tout comme Euridice et Orfeu dans *Orfeu*), mais c'est surtout un lieu qui, grâce à la musique et au carnaval notamment (*Rio 40°, Rio Zona Norte, Orfeu*), et au type de relations solidaires qui y sont présentées (*Rio 40°, Rio Zona Norte, Orfeu*), est presque avant tout un lieu intégrateur d'identité.

Le bidonville, signalons-le, a une force identitaire des plus visibles, dans le sens où il est l'espace des Noirs et des Métis. De ce fait, ce qui est communément associé aux Noirs et aux Métis, comme la musique, le carnaval et la superstition, s'y trouve du même coup, mis en valeur.

D. Le village

Entre le *sertão*, zone de folie et de mort, et la grande ville, zone de risque, le village apparaît souvent comme le lieu du peuple. Le lieu où l'identité populaire est, sinon valorisée, du moins interrogée. Dans les différents films étudiés, ce territoire peut être défini comme celui du basculement identitaire dès lors qu'il est l'aboutissement d'un déplacement spatial qui a conduit le protagoniste à quitter le *sertão*, la ville, la forêt ou le bidonville. Nous pouvons remarquer, pour la plupart des personnages aux prises avec ce basculement identitaire, une forme de revendication d'une nouvelle place spécifique, prise dans ce territoire ou au cours de sa traversée. La plupart de ces personnages seront en quête de nouvelle considération de la part d'eux-mêmes ou d'autrui. Cela qu'il s'agisse de la mise en place d'une identité considérée comme plus positive que la précédente (comme c'est le cas par exemple pour Joana dans *Joana Francesa*) ou moins positive (comme c'est le cas de João Fernandes, personnage du film *Xica da Silva*, qui, se retrouvant à devoir rendre des comptes à la couronne portugaise, remerciera néanmoins Xica, l'esclave responsable de sa chute, d'avoir été la figure de son destin).

E. La forêt

Comme le *sertão*, la forêt se caractérise par une certaine absence de repères spatiaux pouvant représenter une certaine menace pour l'identité fragilisée par l'errance au sein de cet espace. Ainsi, une forme de déni identitaire est à l'œuvre lorsque Jean (*Como era Gostoso Meu Françês*) s'épile, parle tupi et se conduit comme un Tupinamba jusqu'au dernier moment de sa vie. Nous pouvons déceler le même procédé dans le discours identitaire d'Iracema (*Iracema, uma Transa Amazonica*) qui affirme être une Blanche, et non pas une Indienne. Dans les deux cas, il s'agit d'appartenir à celui qui détient le pouvoir d'enrayer la vie d'autrui. De même, Macunaïma, l'Indien noir qui devient Blanc cesse d'être celui qu'il était.

CHAPITRE 2
DIMENSIONS COLLECTIVES DU JE

A l'intérieur de cette représentation d'un Brésil paradoxal, où la misère constitue la principale impasse et où l'illusion d'un changement à venir nourrit maints dialogues, des personnages émergent et viennent inscrire leur façon d'être et de se penser. Ces personnages vont être métaphoriques de ce qu'est ce Brésil. Miroirs d'une réalité prise entre ciel et enfer, métaphores de l'impasse sociale ou de l'illusion collective d'un possible changement. Leur identité constitue une référence parfois implicite à ce qui caractérise la société brésilienne.

I. Miroirs, impasses et mirages du collectif

A. Identité individuelle, miroir du collectif

Comment la réalité brésilienne - ou une réalité brésilienne - vient s'actualiser dans une personnalité, une quête, un désir, ou un état d'esprit, vécu au départ comme essentiellement individuel et intime ? Différents personnages de notre corpus nous renseignent à ce sujet. Ils illustrent un affrontement entre le désir individuel et la réalité collective. Parmi ces personnages, Marcelo (*O desafio*), Iracema (*Iracema uma transa amazonica*), Dona Flor (*Dona flor…*), Zé Rico et Milionario (*Na estrada da vida*), Gabriela (*Gabriela*), Alex (*Terra estrangeira*), et Tico (*O cangaceiro*).

1°) Les illusions des espaces de réconfort, la révolution et l'amour

Marcelo dans *O Desafio* est un journaliste déprimé par le coup d'état militaire. Sa maîtresse Ada, épouse d'un riche industriel, ne parvient pas à comprendre pourquoi leur histoire d'amour semble ne plus compter aux yeux de Marcelo. Lui-même se demande où il en est lorsqu'il se rend au concert de musique populaire brésilienne : tandis qu'une chanteuse prend la parole pour commenter la réalité brésilienne (*« C'est le journal qui l'a dit : il y a 500 enfants qui meurent chaque jour, je dis ce que je lis pas ce que je vois parce ce que ça, j'ai pas le droit de le dire...Moi je crois que l'enfance doit vivre. C'est le journal qui le dit, l'inflation a grimpé de 400%, je dis ce que je lis pas ce que je vois parce ce que ça, j'ai pas le droit de le dire...moi, je crois que le peuple doit pouvoir manger...c'est le journal qui l'a dit : 99% de notre peuple n'arrive pas jusqu'à l'université, pauvres travailleurs... »).* Un jeu de miroirs se noue dans cet extrait, car en effet, c'est la prose journalistique, dont Marcelo est un des représentants, qui nourrit la prose artistique des chanteurs, prose qui vient à son tour alimenter l'état de dépression de Marcelo. Le protagoniste délaisse l'espace amoureux qu'il a construit avec Ada pour se retrouver face au miroir de ce qui constitue l'objet de son travail. Cet extrait, précisons-le, intervient immédiatement après un plan où Ada se regarde dans un miroir de sa salle de bain et constitue, par cet effet d'ordre, une mise en parallèle entre une image de soi recherchée dans l'intime et des fragments d'une image de soi retrouvée dans le collectif. Lorsqu'ils se retrouveront dans une séquence suivante, chacun aura puisé suffisamment d'identité - dans le miroir ou dans l'estrade faisant office de miroir - pour que s'affirment leurs différences : Marcelo lui dira que tant que cette misère existe rien ne pourra réellement exister entre eux, ce à quoi Ada, entamant la rupture, répondra : *« moi, comme bonne bourgeoise, je décide de penser comme les miens ».*

2°) Les illusions des lendemains et des ailleurs

Iracema, la jeune prostituée du film homonyme, élabore, sans le savoir, une conception psychosociale de la misère. Ecoutant Tereza, une autre prostituée, lui parler de son désir de partir ailleurs, Iracema qui pourtant tentera elle aussi en vain cette aventure, la met en garde contre l'idée qui consisterait à croire qu'il suffit de se croire capable de partir pour arriver à destination. Finalement c'est leur condition misérable qui est difficile à quitter et non pas un lieu. Iracema va voyager à travers le Brésil mais rien ne changera dans son existence. Elle reviendra d'ailleurs au point de départ.

Le personnage d'Alex dans *Terra Estrangeira* est à l'image de la jeunesse brésilienne des années quatre-vingt-dix. Alors que Tereza et Iracema dans *Iracema...* sont freinées dans leur désir de fuir l'Amazonie, Alex, Miguel et Paco se retrouvent, eux, bien loin du Brésil, au Portugal. Mais ce territoire étranger, idéalisé par l'envie de fuir une réalité douloureuse, va se révéler être celui de la perte et de la mort.

Dans *Iracema...* tout comme dans *Terra Estrangeira* se joue le désir individuel de quitter un lieu dans l'espoir d'un avenir meilleur face à la réalité collective de l'impossibilité de se défaire réellement de ce lieu et d'un lieu d'arrivée qui semble rejeter le protagoniste à la case départ. C'est de la peur de cette évidence - le lieu d'arrivée refoule au lieu de départ – que nous parle Alex : *« Peur que tu meures... J'ai peur de vieillir par ici... mais quand je pense à retourner au Brésil... ça me donne froid dans le dos... ».* Cette idée d'un aillcurs comme espace de transition avant le retour dans un lieu d'où pourtant il est compréhensible de chercher à s'évader est à l'œuvre dans *O Cangaceiro* : Tico, vieux *cangaceiro* revient en prison de son propre gré après avoir connu l'expérience du dehors : « *dehors c'est l'enfer* » dira-t-il car le temps l'a rendu étranger au monde du dehors.
Cette problématique déjà abordée dans *Iracema* et *Terra estrangeira* questionne, subtilement ici, la place de l'individu ailleurs que dans son espace d'appartenance. Lié à son groupe social avec ses normes et ses références propres, l'individu, dès lors qu'il pense pouvoir s'en extraire individuellement pour en choisir d'autres, se trouve face à une réalité déchirante : son désir est celui de tout un groupe confronté précisément à une lourdeur qui en empêche la réalisation en même temps qu'elle en attise la survivance. Le monde carcéral, nous le savons, est à l'image de la société qui le construit. La prison de Tico n'est pas plus juste ou

moins dure que le dehors, la seule différence réside peut-être dans le fait que dans ce monde carcéral, Tico a déjà une place en tant qu'individu. Il ne veut pas simplement retourner en prison, il veut surtout avoir une place au sein d'un groupe qui écoutera son histoire et ses souvenirs du *cangaço.*

3°) Le dilemme existentiel, la fantaisie comme antidote à la réalité

Dona Flor de *Dona Flor e seus dois maridos* incarne quant à elle le dilemme brésilien. Entre fantaisie et rigueur, rationalité et superstition, elle décide de ne pas choisir et de garder pour le pire et le meilleur ses deux maris, le revenant Vadinho, infidèle baratineur et joueur invétéré, mort d'un arrêt cardiaque un matin de carnaval, ainsi que Teodoro l'homme des règles et des précisions excluant toute fantaisie.

Invisible aux yeux de Teodoro, Vadinho par sa simple présence crée un biais dans la vie ordonnée qu'instaure Teodoro, qui choisit peut-être - qui sait réellement ce que veulent les personnages de romans et de films ? - de ne pas le voir. Flor est un personnage intéressant pour notre propos dans la mesure où elle met en relief la question du désir individuel face à la réalité collective : ce que l'on désire ne pas voir n'existe peut-être pas, ce que l'on désire voir exister finit peut-être par prendre forme.

La même problématique est à l'œuvre dans *Gabriela* qui est, comme *Dona Flor e seus dois maridos,* une adaptation d'un roman de Jorge Amado : une femme libre refuse de se laisser enfermer dans la rigueur de la vie que lui propose Nacib, son mari : Gabriela finira en effet par s'échapper de sa cage dorée, car à l'instar de la société brésilienne, elle ne veut pas choisir entre la rigueur des conventions et la liberté joyeuse dont le cirque est, dans le film, une des figures. Le *happy end* final confortera, tout comme dans *Dona Flor e seus dois maridos* ce dilemme brésilien.

4°) Déni de soi et acceptation du dictat collectif

Zé Rico et Milionario, les personnages de *Na Estrada da Vida*, nous renseignent sur le sentiment de soi dans l'univers brésilien qui survalorise la réussite et l'apparrence de prestige et de l'argent alors même qu'il n'en favorise que difficilement l'éclosion : ils se rêvent chanteurs millionnaires mais sont de simples ouvriers. Il est intéressant de remarquer que le sentiment de honte qu'éprouvent les personnages à l'idée d'être vus comme simples peintres en bâtiment trouve un écho dans la bouche du patron : *« Quelle honte ! Des voleurs de disques ! Milionario et José Rico ! Regardez-les ! Des peintres en bâtiment !».* Voleurs ou peintres en bâtiment méritent la même moquerie et désapprobation. A y regarder de plus près, cette gêne ressentie par les personnages ainsi que la moquerie du patron proviennent essentiellement de ce que les protagonistes, ayant choisi pour pseudonymes José « Riche » et « Millionnaire », se trouvent soudainement mal nommés étant donnée leur situation réelle, mise en évidence par leur travail.

Ces différents personnages métaphorisent par leur destin et leurs désirs une réalité brésilienne qui met en évidence une problématique ici/ailleurs géographique ou psychologique, un miroir particulier dans lequel se reflète une réalité particulière ainsi qu'une attitude adoptée face à la réalité collective. Ces personnages, en tant que miroirs d'une réalité brésilienne, se trouvent tous dans un déchirement qui peut être interprété comme l'affrontement d'un désir individuel (changer le monde, fuir, construire une réalité où la mort n'existe pas, essayer de se faire une place au soleil, fuir ou se protéger) et d'une réalité collective dans laquelle ce désir prend naissance (la misère, l'absence de perspectives locales ou nationales, le dilemme, l'importance de l'argent., l'insécurité et la violence).

B. Identité individuelle comme impasse du collectif

Différents personnages de notre corpus incarnent une attitude particulière face à l'impasse sociale qui les voit naître. Alors que les personnages précédents soulevaient, dans l'optique au travers de laquelle nous avions choisi de les étudier, la question de la place du désir individuel face à la réalité collective, ceux que nous allons aborder maintenant, en tant que significatifs de l'impasse collective, viennent illustrer la justification ou la vision que l'individu apporte à une telle réalité, dès lors qu'elle se trouve être la sienne. Comment les enfants du bidonville (*Rio 40°*), Espirito da Luz Soares (*Rio Zona Norte*), Fabiano (*Vidas Secas*), Manoel (*O desafio*) et Corisco (*Corisco e Dada*) appréhendent-ils la réalité qui les relègue à l'exclusion et comment, au travers de cette façon de comprendre la réalité, leurs comportements individuels vont pouvoir s'éclairer à la lumière d'un déterminisme collectif ?

1°) Impossibilité de jouir d'une image de soi positive ou l'irrecevabilité du mythe du « petit malin »

Les enfants du bidonville de *Rio 40°* vivotent en vendant des cacahuètes dans les différents quartiers de Rio. Alors qu'il part vendre ses cacahuètes sur la plage de Copacabana, Jorge se fait bousculer, les cacahuètes tombent dans l'eau de mer, et ayant promis de rapporter à sa mère malade de l'argent pour acheter des médicaments, celui-ci est contraint de faire l'aumône avant de rentrer au bidonville. Un gamin des rues l'interpelle en lui disant qu'il ne sait pas faire l'aumône et lui dit d'être plus malin : il suffit de dire qu'il a besoin d'argent pour sa mère malade ! La remarque de Jorge est alors intéressante : *« Je ne demande pas l'aumône »* dit-il après avoir demandé, sans succès, de l'argent à trois personnes. Accepter publiquement l'idée d'être en train de demander l'aumône implique une certaine vision de soi dans l'espace social. Cette vision, Jorge, surpris par le rire d'un autre enfant, refuse de l'avoir. *« Je vais te montrer comment on tire du fric à ces gens-là ! Faut dire que c'est pour ta mère et qu'elle est malade ! »* va lui dire l'autre enfant. Or, fait significatif, la mère de

Jorge est réellement malade. Entre le monde des nantis et celui des dépossédés, l'évocation de la figure maternelle apparaît comme le dénominateur commun à partir duquel il est possible de demander et de recevoir. D'une image de soi négative - celle du miséreux condamné à l'aumône - va surgir l'occasion d'éprouver une image positive de soi - celle du plus malin qui « *tire du fric à ces gens-là* » -. Mais précisément parce que sa mère est réellement malade, Jorge ne peut jouir de cette image positive. Dans une séquence ultérieure, Jorge, tentant de fuir une bande de voyous, sera écrasé par un tramway et le film se conclura sur l'attente vaine de la mère malade.

2°) Le dépouillement impuni des plus faibles et l'irrecevabilité des valeurs éducatives

Espirito da Luz Soares, de *Rio Zona Norte*, compose au cœur du bidonville où il habite des chansons de samba. Alors qu'un homme de radio, Mauricio da Silva, lui propose de l'aider à faire éditer sa chanson en proposant à un chanteur connu de l'interpréter, Espirito va découvrir, à l'occasion d'une petite réception, que si elle est bien éditée, sa chanson ne lui appartient plus. « *Ni argent, ni gloire !* », la chanson d'Espirito est présentée comme étant de la composition de l'interprète et de l'homme de radio. S'il est d'abord blessé par la nouvelle, elle ne l'empêchera pas de chanter et de sourire à nouveau, comme si la dépossession n'était pas inadmissible. Comme si sa chanson n'avait été qu'« abîmée » et non pas volée. La dernière partie de la séquence est intéressante à ce propos, une petite réception va être interrompue par le vol - écho métaphorique du précédent - que le fils d'Espirito, au grand désespoir de son père, tente de commettre à l'encontre du propriétaire du bar où se déroule la réception.

3°) Egarements et soumission à l'autorité

Fabiano de *Vidas Secas* erre avec Vitoria, sa femme, et ses deux enfants à travers le *sertão*, à la recherche d'un travail dans une région ravagée par la sécheresse. Après avoir été embauché par un « colonel » du coin, il amène sa famille à la kermesse du dimanche lors de laquelle il sera abusé par un policier, détenu et roué de coups. Quelques temps après cet épisode, cherchant une vache égarée dans la brousse, Fabiano se retrouve nez à nez avec le policier abusif. Mais il ne parviendra pas à en tirer avantage alors même qu'il se trouve face à un policier perdu dans la broussaille. Cette séquence est intéressante parce qu'elle joue sur les rapports d'équilibre et de déséquilibre. Deux hommes se retrouvent face-à-face, chacun armé, mais l'un est perdu tandis que l'autre connaît bien la broussaille. Nous pourrions dire que l'un est perdu au niveau spatial tandis que l'autre est perdant au niveau social ; que l'un connaît bien la force psychologique du pouvoir qu'il représente tandis que l'autre connaît bien l'espace dans lequel il se déplace. Le policier feint l'assurance liée à sa position sociale ce qui a pour effet d'impressionner Fabiano qui baisse son bras armé. Fabiano va lever les yeux au ciel puis renoncer à la vengeance. Il se justifie alors à ses propres yeux : *« Le gouvernement, c'est le gouvernement... »* et par ce fait légitime la loi arbitraire dont il a été victime. Tout comme le bétail égaré ou en fuite qui finit par être à nouveau attrapé et maîtrisé, Fabiano finit par se rendre à la raison du plus fort et va jusqu'à aider le policier à retrouver son chemin.

4°) Insoumissions et punitions divines

Comme Fabiano et sa famille, Manoel de *Deus e o diabo na terra do sol* va être condamné à l'errance à travers le *sertão*. Mais alors que Fabiano avait renoncé à tuer, Manoel se trouve en fuite précisément parce qu'il a tué le « colonel » qui refusait de payer son dû. La mère de Manoel sera alors tuée par un des hommes du « colonel ». Manoel et Rosa enterrent la vieille femme avant de partir. Sur la tombe de sa mère, Manoel invoque la main de Dieu comme responsable de la « disgrâce » dans laquelle il se trouve. Alors qu'il s'était révolté contre l'autorité du « colonel », Manoel va accepter de s'en remettre à la volonté d'un mystique fiévreux et d'un *cangaceiro* violent avant de parvenir, peut-être, à se dégager de toute aliénation. La volonté divine sera également invoquée par Corisco de *Corisco e Dada* lors de la mort du troisième enfant du *cangaceiro* : dans une attitude de défi que Dada va considérer comme blasphématoire, Corisco cherche à nier sa foi. L'émotion et la virulence avec laquelle il parle ne font que souligner davantage la croyance intacte de Corisco et la force de sa conviction : Dieu est responsable.

Ces différents personnages incarnant, par leur destin individuel, une impasse sociale collective mettent en évidence une situation particulière à laquelle, tout comme leur groupe d'appartenance, ils se trouvent confrontés ; une vision également particulière de cette situation - vision commune à tous ces personnages - ; et une attitude défensive permettant à chacun de se dégager de cette situation en préservant une image de soi moins dégradée que ne laisserait supposer la situation. L'Homme, dégagé de la responsabilité de son destin - vécu comme produit de la volonté divine - accepte de se soumettre à la situation d'impasse dans laquelle il se trouve en la déniant, en la minimisant ou en la légitimant. Si elle peut être ressentie comme insupportable, la situation, parce qu'elle est partagée par la collectivité à laquelle appartient le personnage, est finalement acceptée comme l'inévitable produit d'un rapport de force en la défaveur du personnage et de sa collectivité : les nantis des beaux quartiers bousculent Jorge qui en perd ses cacahuètes, l'homme de radio et le chanteur dépouillent Espirito de sa chanson, le policier fait emprisonner injustement Fabiano et Dieu prive Manoel et Corisco de mères et d'enfants. La révolte stérile de Corisco face à Dieu nous donne la mesure du déséquilibre ressenti par l'Homme face à celui qu'il pense le dominer.

C. Identité individuelle comme mirage du collectif

Nous avions vu, en considérant l'image du Brésil dans le discours des personnages, que l'idée d'un changement à venir, d'une amélioration de la situation, était une des caractéristiques de cette image. Ce changement, toujours à venir, dans la bouche des personnages, est ce que nous allons maintenant considérer comme mirage collectif ou illusion collective permettant à l'Homme - au personnage - de penser qu'il peut changer les données oppressantes de la réalité brésilienne ou tout simplement humaine. Après avoir étudié la place du désir individuel face à la réalité collective, la justification individuelle donnée à une situation d'impasse collective, analysons maintenant grâce à El Jus (*El justiceiro*), Gabriel (*O amueto de Ogum*), Valentin (*O beijo da mulher aranha*), et Fernando (*O que é Isso companheiro ?*) de quels pouvoirs disposent ou pensent disposer les personnages pour changer une réalité collective.

1°) Le pouvoir tout relatif de l'argent

El Jus de *El Justiceiro* fait l'objet d'une biographie que tente d'écrire son copain Lenine persuadé, tout du moins au début du film et moyennant salaire, que la vie de Jorge Dias das Neves, alias El Jus est d'un grand intérêt pour la collectivité. Issu de la bourgeoisie, son surnom de justicier vient de ce qu'il intervient là où justice doit se faire. El Jus est sollicité par Lenine parce que « *quelque chose de très important se passe* ». Ce quelque chose, c'est la moralité alliée au racisme interdisant aux jeunes femmes d'entrer dans l'immeuble de Lenine. El jus intervient et tout rentre dans l'ordre pour un temps. Lenine devra continuer ce qu'il a commencé : corrompre le gardien de la bonne moralité, car en réalité c'est l'argent qui « change les choses ». Le justicier n'est finalement qu'un homme dont l'argent achète l'illusion d'être utile à la collectivité et la certitude de son pouvoir sur celle-ci. De même, si la soi-disant bonne moralité est quelque peu mise à mal, la réalité est que Lenine souffre de ne pouvoir amener les filles chez lui après vingt-deux heures et que cette souffrance est reformulée en termes de lutte contre la discrimination sexuelle et raciale. L'argent est en même temps vecteur d'illusion de changement et de maintien des inégalités puisque d'emblée, un homme en achète un autre. El Jus ne change aucune réalité sociale, étant lui-même un pur produit de cette réalité.

2°) Le pouvoir d'une amulette

Gabriel de *O Amuleto de Ogum* est le fils et le frère d'hommes assassinés par la pègre. Afin de le protéger, sa mère s'en remet à *Ogum*, divinité afro-brésilienne, pour que celui-ci, au cours d'un rituel religieux, devienne invulnérable. Son corps va être un « corps fermé »[7] ce qui va signifier qu'aucune arme ou balle ne pourra le tuer. Cette protection durera tout le temps que la mère de Gabriel demeurera en vie. Devenu adulte, Gabriel va quitter le Nordeste dont il est originaire pour, fort de sa particularité, intégrer la pègre à son tour. C'est au sein de ce nouveau groupe d'appartenance et au cours d'une dispute avec Chico, un de ses membres, que la réalité du « corps fermé » de Gabriel va se manifester. En effet, les balles ne peuvent atteindre et blesser son corps. Ici, ce n'est plus l'argent qui permet de changer une situation vécue comme inadmissible, mais une particularité corporelle qui permet de s'élever au-dessus de la condition humaine. La foi protège donc Gabriel de la réalité assassine dans laquelle il baigne. Mais, rappelons-le, cette foi est elle-même issue de cette réalité où la vie humaine n'a aucun prix puisque c'est parce que son père et son frère se sont fait assassiner par la pègre que la mère de Gabriel a décidé de le protéger.

3°) L'ultime évasion et le pouvoir du rêve

Valentin de *O Beijo da Mulher Aranha* est lui aussi confronté à sa propre mort. Mais sa réalité est autre. Elle est celle des opposants au régime politique totalitaire. La séquence finale de ce film nous livre que le rêve, s'il ne change pas la réalité, la reconstruit dans un dernier soubresaut et met en relief une conception de ce qu'est la vie : entre la naissance et la mort, l'Homme est pris dans ces espaces d'enfermement - fermé comme une prison ou ouvert comme l'île de la femme-araignée - espaces de l'absurde qu'il rêve de transformer, mais seul l'état d'esprit au moment de la mort lui donne un sens à mesure qu'il perd de sa réalité. Comment dès lors ne pas comprendre la phrase finale de Marta « *ce rêve est court... mais ce rêve est heureux* » comme la suprématie du rêve sur la

[7] La représentation du « corps fermé » est très populaire dans le Nordeste. Voir à ce sujet l'étude en psychologie sociale menée à Fortaleza sur les *terreiros* et l'analyse en termes de représentation de la maladie qu'en fait F. LAPLANTINE, « Anthropologie des systèmes de représentation de la maladie » in D.JODELET, (dir.) *op.cit.* p. 277 -298.

réalité, comme l'indication du fait qu'un rêve heureux - fût-il court - transforme une réalité douloureuse.

4°) Illusions et réveils

Mais qu'advient-il du rêve, une fois établi qu'il n'appartient qu'au registre de l'imaginaire ? Si Molina « s'endort » définitivement avec son rêve court mais heureux, les personnages de *O Que é Isso Companheiro* connaissent, quant à eux, le réveil douloureux. Après le rapt de l'ambassadeur, la libération de prisonniers politiques, des mois de vie clandestine, Fernando va rendre visite à Maria. Rien n'a changé dans la situation politique du pays. Ici le rêve ne supplante pas la réalité (*« Ca a été un rêve qui ne s'est pas réalisé... »*), il est comme les nouvelles identités que s'étaient attribuées les militants (*« ...Ton nom c'est pas Maria, c'est Andréa »*) : un voile sur la réalité, un voile derrière lequel se cacher devient de plus en plus difficile à mesure que la réalité gagne du terrain (*« personne n'écoute ce qu'on a à dire... »).* A la fin de cette séquence, les militaires armés vont faire irruption et embarquer Fernando et Maria.
Ces différents personnages qui, tous, tentent de transformer la réalité vécue comme oppressante ont la particularité d'opposer à celle-ci un pouvoir (économique, social, politique, divin) qui n'a pas les mêmes chances d'aboutir à une transformation de la réalité : les changements, lorsqu'ils interviennent, ne concernent pas la réalité collective mais seulement individuelle, d'où l'illusion. El Jus, s'il change la situation de laquelle se plaint Lenine, ne la change que temporairement et pour le seul Lenine. Ceux qui ne payeront pas le gardien n'auront pas ses faveurs. Gabriel, grâce à la foi de sa mère en *Ogum*, échappera à la mort, mais ce sera pour lui seul, en tant que « corps fermé », que cette réalité se trouvera changée. Quant au rêve idéologique et son pouvoir politique il s'avère inopérant à transformer la société totalitaire.

Les différents personnages que nous avons approchés tout au long de cette étude sur l'articulation entre l'individuel et le collectif, sur la place de l'homme au sein de sa relation avec le groupe, nous permettent de concevoir l'identité comme *identité sociale*, se construisant toujours à l'intérieur d'interactions entre le sujet et le monde. C'est essentiellement un Autre *collectif* que nous avons abordé jusqu'à présent dans ce chapitre, en nous intéressant d'abord aux relations intergroupes, en nous intéressant ensuite à l'expression du lien de l'Homme et du groupe auquel il appartient. Reste maintenant à nous interroger sur la place de l'histoire individuelle ou de la quête identitaire personnelle à l'intérieur des relations duelles, où l'Homme se trouve face à son *alter,* parfois *alter ego*, ou face à lui-même.

II. Le carnaval et le *candomblé*[8]: espaces collectifs des enjeux identitaires

Le carnaval et le *candomblé* constituent des moments de rupture du quotidien extrayant les protagonistes de la maison - où les espaces précis et cloisonnés étayent les rôles de chacun - pour les projeter dans un espace collectif dans lequel se trouvent mis en scène et en jeu des bribes d'identités individuelles et collectives ainsi qu'un rapport à soi et à l'autre. Interrogeons-nous sur les spécificités de leur apparition au sein de notre corpus de film et sur la possibilité qu'il puisse exister, à l'intérieur de ces espaces, une transposition d'un dilemme insoluble - ou vécu comme tel - en soi ou issu du quotidien.

A. La « transmutation du pauvre en noble[9] »

Carnaval et *candomblé* sont des espaces identitaires du collectif. Ces deux espaces ont, pensons-nous, pour principal point commun celui d'être un prolongement des *quilombos*, espaces de liberté d'hier, des esclaves africains en fuite. En effet, d'une part,

---

[8] Espace de culte afro-brésilien. Dans ces cérémonies (*candomblé*, *umbanda, macumba*) des esprits et divinités - *orixàs* - prennent possession d'un corps pour converser et conseiller les vivants. Sur les religions afro-brésiliennes voir, en particulier, les études de R.BASTIDE Les religions africaines au Brésil, Paris, PUF, 1962 ; Le *Candomblé* de Bahia, rite nagô, Paris - La-Haye, Mouton, 1960.

[9] Idem p 62 : « cette théâtralisation (du carnaval) met en évidence le caractère programmé et maîtrisé de cette transmutation du pauvre en noble ».

l'africanité y est omniprésente au travers de références verbales ou mythico-religieuses, et d'autre part, le Noir règne en maître au sein de ces espaces propres à l'inversion : « ce qui retient notre attention dans ces défilés, c'est l'inversion réalisée entre celui qui défile (pauvre et généralement noir ou mulâtre) et le personnage qu'il représente : noble, roi ou figure mythique (...)[10] ».
Une première considération s'impose : carnavals et *candomblés* sont représentés, au sein de notre corpus, comme étroitement associés à la classe populaire. C'est essentiellement au cœur des bidonvilles ou du *sertão* qu'apparaissent - comme par nécessité - les processions carnavalesques ou mystiques. D'où l'interrogation : s'agit-il réellement d'espaces de liberté, échos des *quilombos* d'hier, ou d'espaces d'aliénation d'une classe maintenue dans l'illusion d'un possible renversement de relation de pouvoir ?

Analysons le surgissement et les particularités des carnavals dans *Rio 40°, Rio Zona Norte, O Dragão da Maldade..., Matou a Familia..., Dona Flor ..., A Opera do Malandro, Um trem para as Estrelas* et *Orfeu.* Le carnaval y est présent sous des formes différentes. De la simple évocation verbale (« *nous nous sommes rencontrés un jour de carnaval* » (*Um trem...*) à la représentation manifeste du défilé (*Orfeu*) en passant par les préparatifs ou répétitions (*Rio 40°*) et processions carnavalesques assimilées (*O Dragão...*). Malgré ces différentes formes d'apparition, le carnaval possède dans ces films la même fonction de consolation au travers de la mise en scène et de la dramatisation d'un soi différent. Dans sa représentation en tant que telle, le carnaval est la fête du peuple et la fête du déguisement et des masques. Si les déguisements ne sont pas présents dans le carnaval final de *Rio 40°*, les paroles de la chanson que tous reprennent en chœur va avoir la même fonction métaphorique de négation ou d'occultation identitaire que le déguisement carnavalesque - car se déguiser en prince ou en noble c'est avant faire disparaître une partie de son identité au profit d'une autre désirée et affichée. « *L'esclavage au Brésil n'existe plus* »

---

[10] *Ibid.* p. 62.

nous dit la chanson. Or que raconte le film ? La misère des enfants des bidonvilles, vendeurs de cacahuètes au destin fragile - l'un d'eux meurt écrasé par un tramway -. Etre esclave n'est-ce pas surtout être dépossédé de la maîtrise de son destin ? Et être à la merci de la volonté des puissants ? Alors, les paroles de la chanson qui transforment la condition miséreuse de l'habitant des bidonvilles en vie libre de toute contrainte sont tout aussi illusoires que la parure de femme que porte Vadinho (*Dona Flor*). Illusoire et dangereuse, car mortelle pour ce dernier qui à l'aube du dernier jour de carnaval meurt d'un arrêt cardiaque. Il est intéressant de relever ce lien du déguisement à la mort. Dans quatre des films cités plus haut, le carnaval intervient avec un lien direct à la mort : dans *Rio 40°*, alors que tous les habitants du bidonville sont réunis pour chanter et danser, seule, la mère de Jorge, attend à sa fenêtre l'impossible retour de son fils mort. Dans *O Dragão da Maldade...* la rencontre du *cangaceiro* Coriana - entouré de sa procession carnavalesque et chantante - et d'Antonio das Mortes se déroule sur la place publique, avec une mise en scène dramatique et une danse au cours de laquelle le *cangaceiro* sera mortellement blessé. Vadinho, le mari infidèle de *Dona Flor...*, meurt, comme nous venons de le souligner, un matin de carnaval. Quant à Orfeu et Euridice ils meurent tandis que le carnaval s'empare des ruelles du bidonville.

C'est cet alliage de douleur intime dépassée et de joie collective qui constitue l'essence du carnaval qui rappelle toujours la mort tout en prétendant rendre possible l'immortalité.

Dans certains films le carnaval est également un marqueur temporel. Dans ces films le lien à la mort et à la perte est toujours présent mais ici l'évocation du carnaval sert davantage d'articulation vers l'époque passée ou future d'un autre soi. Ainsi, se sentant mourir, Espirito (*Rio Zona Norte*) revit mentalement l'époque où il composait ses chansons de carnaval au cœur de son école de Samba ; recherchant Nicia (*Um trem...*), Vinicius se souvient de leur rencontre un jour de carnaval ; la bande-son du film *A Opera do Malandro* nous informe, au travers d'une chanson de

Chico Buarque intitulée *Brésil 42*, que contrairement à ce que nous laisse craindre le début du film, « *si la guerre est déclarée en plein dimanche de carnaval, tu verras que ton fils ne fuit pas le combat* ». Enfin, le protagoniste de *Matou a familia...* trouve dans les notes de samba qu'il écoute après avoir tué sa femme et son enfant le sens de son geste. Le carnaval est un repère temporel identitaire, car il annonce l'aube d'un nouveau jour - et d'un autre soi.

B. *Candomblé*, la consolation de l'au-delà

Tout comme pour le carnaval, un lien évident entre croyance ou superstition et classe populaire se dégage de l'ensemble des treize films de notre corpus représentant le *candomblé* : *Rio Zona Norte, Vidas Secas, A Falecida, El Justiceiro, Matou a familia e foi ao Cinema, Amuleto de Ogum, Iracema, Dona Flor, Quilombo, Carlota Joaquina, Alma Corsaria, Minuit, Orfeu.* En essayant de catégoriser les formes de présence du *candomblé* qui se manifestent à l'intérieur de ce corpus, nous voyons apparaître quatre principaux types de références : la référence au *candomblé* en tant qu'art divinatoire, la référence au *candomblé* en tant pratique religieuse, la référence au *candomblé* en tant que lignée d'affiliation et enfin, la référence au *candomblé* en tant que pouvoir maléfique. Ainsi réparties, les diverses références viennent construire un discours sur la façon dont l'Homme - le personnage - appréhende son univers et son rapport à l'autre.

1°) Arts divinatoires

Il est intéressant de relever que lorsque le *candomblé* se présente sous forme de référence aux arts divinatoires ou aux pouvoirs maléfiques, la femme y tient un rôle prépondérant. Lorsque Zulmira (*A falecida*) consulte la cartomancienne qui lui annonce qu'elle doit se méfier d'une blonde ou lorsque Dona Conceição (*Orfeu*), la mère d'Orfeu, intriguée par le regard amoureux de son fils, consulte ses coquillages c'est l'image d'un destin fragile, au bord du basculement, et à la merci d'une tierce personne - à la merci d'une femme - qui se présente aux protagonistes. Zulmira va se croire envoûtée par sa blonde cousine et Orfeu sera envoûté par la passion d'aimer Euridice. Cette vulnérabilité du destin est à mettre en rapport avec la thématique du corps « à fermer » présente dans quelques films. Le « corps ouvert » est une représentation très populaire et à la source d'explications sur l'origine des maladies[11] et sur l'impact d'autrui sur la vie - par le biais du corps - d'un sujet. Parce qu'elle craint de le perdre, la mère de Gabriel (*O amuleto de Ogum*) s'en remet à *Ogum*, divinité du *candomblé*, pour « fermer le corps » de son fils qui sera alors non pas simplement invulnérable à la maladie, mais surtout immortel, aucune balle ne pouvant le transpercer. Dans ce même film, c'est une autre femme, Eneida, qui trahira son secret et apprendra au chef de la pègre que pour atteindre Gabriel, il faut d'abord éliminer la mère. C'est également une vieille femme qui viendra soigner et « fermer » le corps de Fabiano de *Vidas Secas*. Avoir ou ne pas avoir le « corps fermé » va être, le court instant d'une discussion dans un bar, la préoccupation d'Iracema (*Iracema...*). Une Iracema que nous retrouvons à la fin du film, ivrogne et édentée, et donc à l'image d'un corps qui, comme l'Amazonie qu'elle habite, est peu à peu dévasté, car « ouvert » à de métaphoriques éléments pathogènes. Le corps « ouvert » est aussi celui de Zulmira qui pense être malade par la simple volonté - le mauvais œil - de sa cousine mais qui en réalité se désire malade et mourante. Enfin, l'expérience de la possession du chef de la pègre, Severiano (*O amuleto de Ogum*), par l'esprit d'un *Preto Velho*[12], expérience grâce à laquelle le vieux *mafioso* se transforme - très provisoirement - en homme de bien et de repentance, est également un exemple de la vulnérabilité corporelle, mais également psychique, des protagonistes. Lors de cette expérience, nous apprenons que c'est à la suite de l'assassinat de sa femme et de son fils que Severiano est devenu, malgré lui, chef de la pègre. C'est une femme possédée par l'esprit d'*Exu* qui sera responsable de l'envoûtement temporaire de Venceslau

---

[11] F.LAPLANTINE « Anthropologie des systèmes de représentations de la maladie » (de quelques recherches menées dans la France. contemporaine réexaminées à la lumière d'une expérience brésilienne) *in* D. JODELET (dir.) *op. cit.* p. 291.

[12] Les *Pretos Velhos* (traduction : Vieux Noirs) sont des esprits d'anciens esclaves, ou d'anciens sages noirs qui ne font que le bien.

(*Macunaïma*). Les femmes, dangereuses ou en danger, qui protègent ou dénoncent, qui « ferment » ou envoûtent les corps sont le plus souvent la transposition extérieure et personnalisée d'une nécessité intérieure qui met le personnage en danger.

2°) La protection des dieux ou la faille du père

Différentes pratiques ont pour objet d'attirer la faveur ou l'intervention des dieux - ou *Orixàs*[13] -. Ainsi, les offrandes alimentaires, comme la part de gâteau réservée à Côme et Damien par les invités d'Espirito (*Rio Zona Norte*), ou encore les gouttes d'alcool déversées sur le sol par les protagonistes qui, verres à la main, fêtent le retour à la vie, comme le Désespéré (*Sabado*) ou le retour à la maison, ou encore comme Chico (*Minuit*), sont autant d'hommages rendus, par les plus faibles, à ceux de l'au-delà, dont il s'agit d'obtenir la protection. Remarquons dès à présent que le Désespéré de *Alma Corsaria* et Chico de *Minuit* sont deux personnages à la frontière entre la vie et la mort : le premier est sauvé d'une tentative de suicide par un inconnu, le second va bientôt être tué par son ami. N'est-ce pas alors, à l'intervention divine – quelle que soit son issue et sa figure - que boivent ces personnages ? Quant à la part de gâteau réservée à Côme et Damien, rappelons que ces saints sont assimilés, dans la religion afro-brésilienne, aux *Ibejis*, les jumeaux sacrés auxquels sont offerts bonbons, gâteaux et sodas afin d'attirer leur protection. Espirito da Luz Soares de *Rio Zona Norte* peut être considéré lui-même comme un enfant facile à berner puisque les chansons qu'il compose sont si facilement volées par d'autres, plus perspicaces que lui. Les *Orixàs* sont aussi ceux dont il peut être demandé un « retour d'affection » : c'est ce qu'implore Carlota (*Carlota Joaquina*) en pensant à Fernando, son amant disparu. C'est là aussi une Carlota affaiblie puisque malade d'amour qui s'en remet aux forces de l'au-delà.

[13] Terme désignant les divinités Afro-brésiliennes du *candomblé*.

Enfin, les *mères-de-saints*[14] que l'on voit danser sur la plage dans *Minuit,* au moment précis où se dessine l'an 2000, font elles aussi figure de dévotes en quête des faveurs des dieux pour la nouvelle et fatidique année.

Il est étonnant de constater à travers ces exemples, la présence commune d'une figure tout à la fois vénérée et malmenée, la figure du père : qu'il s'agisse de père dépassé, vénéré, recherché ou de père « divin », la défaillance qui sous-tend cette figure reste importante et les divinités du *candomblé*, associées aux personnages, viennent combler les failles sur lesquelles se constituent les personnages. La transmutation du pauvre en noble - en *Orixà* ou en fils d'*Orixà* - vient corroborer l'idée d'un pouvoir propre à la classe populaire qui réclame le plus souvent à la religion ce que l'Etat lui refuse : la protection de sa vie.

Le carnaval et le *candomblé* possèdent de nombreux points communs. Le plus important étant sans doute celui de rendre possible dans un espace-temps spécifique la transmutation du pauvre en noble. Et par conséquent d'inverser, pour un moment, l'ordre de la société. Dans le *sambadrome*, ce sont les pauvres qui défilent en habits de roi, dans les *terreiros*, ce sont les mêmes qui deviennent, grâce à la transe et à la possession, des dieux ou des *Orixàs*. Pourtant, le destin statutaire des personnages est rarement réellement bouleversé par ces expériences. L'inversion est de courte durée, la fête et la cérémonie n'ayant pas les mêmes objectifs que la révolution. Et il s'agit alors davantage d'investir le déguisement, l'habit de cérémonie ou l'attitude rituelle, en se gardant bien de chercher à exprimer la tristesse qui tente de s'y dérober. A moins - qui sait - que la tristesse ne soit elle-même qu'une feinte de plus comme l'exprime la mélodie du clown triste : « *j'ai déchiré mon déguisement de clown fait de lacets et de ballons / j'ai caché mes rires au fond de mon cœur / j'ai essayé de pleurer mais personne*

---

[14] Les « mères-de-saints » sont les prêtresses des espaces où sont invoqués les dieux afro-brésiliens. Souvent vêtues de turban et longues robes de dentelle blanche, elles sont aisément identifiables.

n'a cru en mes larmes / j'ai essayé d'aimer mais mon amour n'est pas venu (...) la vie est comme ça, la vie est comme ça (...) j'ai acheté un déguisement de Pierrot (...)».

REFERENCES BIBLIOGRAPHIQUES

Antonio AMANCIO, « *Em busca de um cliché (Panorama atual do Brasil no Cinéma estrangeiro de ficção)* » *in* Estudos de Cinema, SOCINE II e III, Annablume editora, São Paulo, 2000, pp. 31-47.

Roger BASTIDE, *Images du Nordeste mystique en noir et blanc,* Pandora Editions, 1978.

Roger BASTIDE, *Brésil, Terre de contrastes,* Hachette, Paris, 1957.

Roger BASTIDE, *Le candomblé de Bahia (Rite Nagô)* Mouton, Paris, 1958.

Roger BASTIDE, *Les religions africaines au Brésil : vers une sociologie des interpénétrations de civilisation*, PUF, Paris, 1960.

Roberto DA MATTA, *Carnavals, bandits et héros,* Seuil, Paris, 1983.

Denise JODELET, *Les représentations sociales,* Presses Universitaires de France, 1989.

Serge MOSCOVICI (dir.) *Introduction à la psychologie sociale*, Larousse, Paris, 1973.

Serge MOSCOVICI (dir.) *Psychologie sociale*, Presse Universitaire de France, Paris 1984.

Rodolphe GHIGLIONE, Jean-François RICHARD (dir.) *Cours de Psychologie, tome 1, origines et bases,* Dunod, Paris 1992 ; *tome 2, Bases, méthodes, épistémologie,* Dunod, Paris 1994 ; *tome 3, Champs et théories,* Dunod, Paris 1994.

CONCLUSION

Identités fictionnelles en construction

C'est à partir de la représentation de la rencontre avec l'Autre qu'émerge progressivement, au sein des récits, l'identité individuelle et collective des protagonistes. Considérer cette représentation du rapport à autrui – cet *étranger* – nous a permis, dans un premier temps, de révéler la fonction de condition de différentiation identitaire et condition d'élaboration identitaire dont cet Autre aux multiples visages se trouve être porteur.

Pour appréhender la fonction de condition de différentiation identitaire inscrite au sein du rapport à l'Autre, nous avons considéré les appartenances – nationales ou sociales – aux groupes minoritaires comme champs de définition de l'*étranger*. Sous des critères purement géographiques, la présence de l'étranger en tant que *figure du lointain* nous a permis de vérifier la présence de stéréotypes et lieux communs en ce qui concerne certaines nationalités (ainsi, nous avons pu remarquer sans grande surprise que les Françaises et Espagnoles sont assimilées à la marge, au plaisir et au raffinement, que les Français sont le plus souvent mentionnés en tant qu'artistes, amants ou poètes et ainsi de suite). Nous avons également souligné la nécessité pour le personnage étranger de réaffirmer sans cesse son identité nationale, objet de confusion pour autrui. Plus intéressante nous semble être la comparaison que nous avons effectuée entre *les personnages étrangers au Brésil* et les *Brésiliens à l'étranger*. Cette comparaison nous a en effet permis de remarquer qu'alors que le Brésil est le plus souvent représenté comme une terre d'adoption pour les étrangers, l'ailleurs n'est pour les personnages brésiliens qu'un lieu de transit le plus souvent douloureux et l'occasion de faire coïncider un discours sur soi avec un discours sur le Brésil. L'expérience de l'étranger met en exergue la difficulté d'élaboration d'un discours sur le pays d'origine ainsi que le vécu d'un renversement identitaire. L'ailleurs transforme celui qui le côtoie.

Considéré en tant qu'être stigmatisé par l'appartenance aux groupes sociaux minoritaires, l'*étranger* endossant *la figure du proche* a mis en évidence qu'au delà des appartenances nationales, *être un étranger* c'est surtout être en dehors des normes dominantes. Ainsi, l'analyse, au sein de notre corpus de recherche, des personnages en errance sociale (les exclus, expulsés, déracinés, prisonniers, traqués et hors normes), en errance psychologique (les fous, les dépressifs et dépossédés) ou encore des personnages présentant un handicap physique confirme, au travers de l'étude de la représentation des caractéristiques de ces personnages et de la représentation spatiale de ces errances ou différences, la fonction de différentiation identitaire de l'*étranger*. L'étranger se vit autre ; cette différence se retraduit d'un point de vue spatial qui devient un écho de son identité. Adoptant des attitudes diverses face à leur différence à laquelle ils ne cessent d'être renvoyés, ces personnages font émerger trois grandes fonctions de l'étranger aux prises avec son aptitude à révéler la différence : une première fonction est celle *de figure du destin*, le plus souvent illustrée par des personnages féminins qui possèdent un rapport particulier à la vie et à la mort. Incarnation silencieuse du destin déchiré des Hommes ou messagères de la mort, les femmes sont les parques du destin. Une deuxième fonction est celle *de figure de la dissidence politique, religieuse ou institutionnelle*, instaurée par un rapport particulier au pouvoir et à la loi, empêchant le personnage de se plier à la pression ou norme – peut-être est-ce la même chose – du groupe. Une troisième fonction, celle de *métaphore de la condition absurde de l'Homme*, justement étayée par un rapport particulier à autrui, comme frère ou semblable au-delà des différences. Nous avions remarqué les *fonctions phoriques* que représentent ces personnages, exilés d'une conception normative de l'individu et qui assurent ainsi des fonctions de porte-parole, porte-symptôme, porte-rêve pour l'ensemble de la collectivité qui pourtant les exclut.

Lorsque nous avons cherché à saisir la fonction de condition d'élaboration identitaire de l'Autre, l'étude de la construction de l'identité collective brésilienne nous a semblé illustrer au mieux l'identité en tant que produit d'une histoire et mémoire commune. Nous avons alors abordé l'analyse de la façon dont le cinéma brésilien rend compte de la rencontre fondatrice de notre identité : la rencontre entre trois grands peuples : Indiens, Blancs et Noirs. Au-delà de la représentation du fondement de l'identité brésilienne, cette analyse nous a entrouvert un espace de réflexion sur la place assignée à chacun de ces peuples au sein de l'identité collective. Nous avons alors proposé, au travers des concepts psychanalytiques de *refoulement* et *forclusion*, au travers de l'analyse de quelques fragments de l'histoire du Brésil – à savoir des lois de l'interdit concernant l'asservissement des Noirs et des Indiens – ainsi qu'au travers de l'étude de la présence du Noir et de l'Indien au sein de la cinématographie brésilienne, l'idée selon laquelle il y aurait un refoulement du Noir et une forclusion de l'Indien. Bien que peu récurrentes, les figures du colon blanc, de l'Indien anéanti et du Noir asservi ont été à l'origine de l'élaboration d'un modèle d'analyse du cinéma brésilien par un jeu de correspondances et d'oppositions avec d'autres figures plus présentes au sein de la cinématographie brésilienne en fonction des thématiques qu'il aborde. En cherchant ensuite à comprendre comment, à l'intérieur d'une conception dominante de la société brésilienne, l'individu - le personnage - pouvait exprimer son identité et en quoi cette expression individuelle pouvait être rattachée à la représentation collective des réalités brésiliennes, nous avons considéré le Brésil en tant qu'objet de discours. L'analyse de la source, du message véhiculé et du destinataire dépeint un Brésil paradoxal et déchiré entre l'idée d'un lieu de l'utopie passée, présente ou à venir et celle d'un lieu de l'affrontement social, politique et humain. A l'intérieur de ce Brésil, où il est dit que la misère constitue la principale impasse et où l'illusion d'un changement vient nourrir bon nombre de dialogues dans l'ensemble des œuvres étudiées, des personnages inscrivent un destin identitaire qui, lorsqu'on cesse de le regarder du strict point de vue individuel, nous apparaît comme un écho du collectif : miroir, impasse ou mirage du collectif brésilien s'actualisent dans l'identité individuelle qui devient alors le lieu d'une tension ressentie par le personnage et qui peut prendre la forme d'une mésalliance déchirante entre un désir individuel et une réalité collective. Déniant la réalité qui le domine, le personnage va tenter de préserver une image positive de lui-même en se dégageant de la responsabilité de son destin. Dans d'autres cas, l'illusion d'un pouvoir sur la réalité collective permettra au personnage de préserver un équilibre identitaire qui à chaque instant menace de rompre. Quoi qu'il en soit, les personnages du cinéma brésilien, appréhendés dans leur dimension identitaire mettent en exergue la conception psychosociale de l'identité : un processus dynamique lié aux contextes socio-historiques, aux rôles sociaux, aux appartenances groupales et aux interactions interpersonnelles.

ANNEXE
CORPUS DE FILMS

Rio 40°
Nelson Pereira dos Santos
Brésil 1955 nb.
La vie difficile d'enfants du bidonville mise en relation avec des événements survenant dans leurs points de vente de cacahuètes.
Copacabana et la relation débutante de Bebeto, le dragueur des plages, et Maria Hélène qui bousculent le vendeur de cacahuètes. Le Maracanà et la relève assurée par un nouveau joueur de foot que le public finit par acclamer. Le Pain de Sucre et les démêlés d'un vendeur de cacahuètes avec un vieux raquetteur à qui il échappe grâce à un groupe de touristes italiens.
Corcovado et la visite d'un riche propriétaire terrien, futur député. Le Quinta da Boa Vista et la relation de Judith et Pedro qui l'a mise enceinte.

Rio zona norte
Nelson Pereira Dos Santos
Brésil 1957 nb.
Espirito da Luz Soares est tombé d'un train, il est sur la voie ferrée et va, avant de mourir à l'hôpital, se souvenir des principaux événements de sa vie : son désir de voir scs chansons enregistrées, la manipulation de Mauricio qui les lui vole, sa rencontre avec Adelaîde, son désir de récupérer son fils qui meurt dans ses bras en tentant de le défendre contre une agression, sa rencontre avec la chanteuse Angela Maria qui chantera sa chanson.

Vidas secas **(sécheresse)**
Nelson Pereira Dos Santos
Brésil 1963 nb.
Accompagnés de leur chienne Baleia et d'un petit perroquet, une famille (le père, la mère et deux petits garçons) tentent de fuir la misère et la sécheresse du *sertão*. Leur longue marche est éreintante, ils ne se nourrissent que de farine, finissent par tuer leur perroquet pour le manger. Avec l'arrivée de la pluie, ils s'arrêtent quelques jours dans une « fazenda » avant l'arrivée du propriétaire, un colonel, qui dans un premier temps les chasse avant d'accepter

que Fabiano, le père, s'occupe de son bétail. Un dimanche, la famille se prépare à aller à la messe et fête du village. Fabiano sera nargué par un flic qui le force à être son partenaire de jeu, à jouer son argent puis le jette en prison, fâché d'avoir perdu. Fabiano sera roué de coups. Un jour il rencontrera ce flic seul au cœur du *sertão*: il voudra d'abord se venger mais le laissera finalement partir. Au retour de la sécheresse, Baleina, blessée, sera achevée par le père à la grande peine des enfants et comme le bétail du colonel, la famille devra partir. A l'horizon, le *sertão* infini.

Deus e o diabo na terra do sol
(Le Dieu noir et le Diable Blond)
Glauber Rocha
Brésil 1963 nb.

A la suite d'un conflit avec son patron qui refuse de lui donner le bétail qu'il lui doit, Manoel le tue et doit alors prendre la fuite avec Rosa à travers le *sertão*. Le couple s'intègre d'abord à un groupe de mystiques conduits par Sebastião, illuminé qui promet à tous l'Eldorado où le *sertão* se change en mer. Rosa résiste à la foi aveugle de tous et finit par être accusée d'être possédée par le démon, ce qui empêche le groupe d'atteindre l'ailleurs promis. Pour « laver » le corps de Rosa, Sebastião va exiger le sang d'un innocent et va sacrifier un bébé. Traumatisée, Rosa le poignarde au moment où Antonio das Mortes, engagé par un prêtre, massacre les fidèles. Il laisse la vie sauve au couple qui s'enfuit et croise la route de Corisco qui représentera une nouvelle figure du destin de Manoel. Corisco sera tué par Antonio das Mortes et Manoel et Rosa vont courir vers un nouveau destin, là où le *sertão* devient enfin la mer.

***Os Fuzis* (Les fusils)**
Ruy Guerra
Brésil 1963 nb 123mn.

Alors qu'une procession de fidèles adorateurs d'un bœuf sacré avance dans le *sertão* et que le peuple affamé par la sécheresse gagne le village de Milagres, le Sergent, Mario, Pedro et 301 des soldats arrivent dans le village pour y assurer la sécurité : garder l'épicerie de M. Vincente et éviter que la population ne lui vole ses denrées, la faim étant « *mauvaise conseillère* ». Dans ce même village, Gaucho, chauffeur de camion, est victime d'une panne. A Milagres, Gaucho va revoir son ancien copain Mario. Gaucho a quitté l'uniforme et possède des convictions critiques sur le travail que ces soldats assurent dans le village de Milagres. Lors d'un pari entre les soldats, Pedro tue un paysan croyant tirer sur un veau. L'histoire est étouffée et présentée comme légitime défense aux paysans toujours résignés. Cette résignation de l'homme du peuple va atteindre son apogée lorsqu'un paysan, un enfant mort dans les bras, entre dans l'épicerie pour y demander un carton vide pour y enterrer son enfant mort de faim. Gaucho se révoltera alors contre la lâcheté du peuple qui se laisse mourir de faim, prendra un fusil et finira par mourir criblé de balles.

***O Desafio* (Le Défi)**
Paulo Cezar Saraceni
Brésil 1965 nb 123mn.
Au moment du coup d'Etat de 1964, un couple d'amants vit une crise : alors qu'Ada veut dévoiler son histoire à son mari, Marcelo est sur le point de rompre. En effet la prise de pouvoir par les militaires lui enlève l'espoir de temps meilleurs pour le Brésil. Ada est une bourgeoise et il cherche a s'éloigner aussi de tout ce qu'elle représente. Ada reste attachée à son histoire d'amour et tente de récupérer Marcelo alors que lui ne pense qu'aux détenus et torturés. C'est le temps de guerre qui commence, comme le chante Maria Betania, où chacun devra se déterminer par rapport à ce qu'il vit ou choisit de vivre.

***Menino Do Engenho* (L'enfant de la plantation)**
Walter Lima Junior
Brésil 1965 nb 85 mn.
Après la mort de sa mère (vraisemblablement assassinée par le père pour adultère), Carlos part quelques temps à Santa Rosa, domaine familial constitué autour d'une sucrerie. Les temps changent, les

usines modernes remplacent les vieux moulins, et Carlos lui aussi va se transformer : de nouvelles pertes (sa petite cousine Lili qui meurt, sa tante bien-aimée qui se marie et quitte le domaine, Jasmin, son mouton, qui est tué, Ricardo son ami qu'il doit quitter pour retourner à la ville), de nouvelles expériences (la vie dans le domaine, la prise de conscience de la différence de classes, l'expérience sexuelle) feront de lui un adolescent qui dit au revoir à l'enfance qui, comme le paysage de Santa Rosa vue du wagon qui le ramène à la ville, défile à toute allure sans que rien ne puisse être retenu, si ce n'est par les souvenirs.

A falecida
Leon Hirszman
Brésil 1965 nb 85mn.
Revenant d'une cartomancienne Zulmira raconte à son mari Antonio qui, lui, revient d'une partie de billard, qu'elle doit se méfier d'une blonde de son entourage. Zulmira arrive à la conclusion qu'il s'agit de sa lointaine cousine et voisine Glorinha. Cette dernière ne lui adresse plus la parole depuis qu'elle l'a surprise au bras d'un autre homme. Zulmira, qui tousse, pense que sa cousine l'a envoûtée et petit à petit se laisse aller au désir de mourir avec l'idée fixe d'obtenir un enterrement grandiose. Elle se rend aux pompes funèbres pour les préparatifs et tandis que son mari ne pense qu'au foot, elle n'hésite pas à passer du temps sous la pluie battante afin d'aggraver sa maladie. Sur son lit de mort, elle prévient son mari que tout est prêt pour son enterrement, en se réjouissant d'imaginer la tête que fera sa cousine face à un si bel enterrement. Elle lui demande d'aller trouver le riche Pimentel en se faisant passer pour son cousin et lui garantit qu'il acceptera de payer. Antonio, très abattu par la mort soudaine de sa femme, se rend chez Pimentel pour y apprendre qu'il était son amant. Il refuse de payer un enterrement aussi cher mais finit par céder à la pression d'Antonio qui dévoile sa véritable identité. Ecœuré par ce qu'il a appris et pour se venger de sa femme, Antonio commande l'enterrement le plus simple et le moins cher de la ville. Il n'assiste pas à la mise en bière, mais laisse exploser sa peine en pleurant et

jetant l'argent obtenu de Pimentel sur les gradins du stadium, lors du match de foot auquel il rêvait d'assister.

El Justiceiro
Nelson Pereira Dos Santos
Brésil 1967 nb 124mn.
A Rio, un jeune homme riche et cynique avec ses conquêtes fait l'objet d'une biographie par son ami Lenine, payé pour mener à bien cette tâche. Utilisant son argent facilement gagné et le prestige de son père, il se concocte une réputation de justicier. Mais ses actions de justice se résument en fait à payer le gardien de l'immeuble pour que celui-ci laisse des jeunes filles entrer pour voir des copains alors que le règlement l'interdit, surveiller une jeune fille pour l'empêcher de perdre sa virginité avec un de ses doubles ou encore récupérer son *smoking* dans un duel ellipsé. El Justiceiro va tomber amoureux d'une jeune fille de sa classe sociale aux idées avant-gardistes. Lorsqu'il découvrira qu'elle n'est plus vierge, El Justiceiro va connaître de profonds et graves tourments. La jeune fille enceinte, contre toute attente, ne veut pas se marier. Au final, El insistera tellement qu'elle acceptera. Ce qui aura constitué le film d'une vie semblera à Lenine bien inintéressant, mais El aura compris que lui a de l'intérêt pour sa vie.

***Terra Em Transe* (Terre en Transe)**
Glauber Rocha
Brésil 1967 NB 103mn.
En Eldorado, dans la province d'Alecrim, le gouverneur Vieira apprend que le président Fernandez demande sa démission. Il accepte sans résister. Paulo Martins, poète et politique tourmenté, quitte le palais avec Sara se disant qu'il aurait fallu prendre les armes et résister. Alors qu'il force un barrage, une balle l'atteint et dans sa lente agonie, le poète va se souvenir de ses dernières années : quatre ans auparavant il était à côté de Don Porfirio Diaz qui venait tout juste d'être élu sénateur et qui lui proposait de le marier à Silvia et de devenir député. Paulo avait préféré partir pour se consacrer à la poésie et continuer son travail de dénonciation

sociale dans le journal indépendant de Julio Fuentes. Sara, collaboratrice de Vieira était alors venue le chercher pour qu'ensemble ils battissent dans la joie et l'utopie la campagne politique de celui qui se présenterait comme la voix du peuple. Vieira, en bon candidat, va promettre au peuple ce qu'il ne pourra tenir. C'est alors que Paulo Martins connaît une grave crise politique mise en relief par l'assassinat d'un paysan réclamant ses droits à la terre par un des hommes de Vieira. Paulo démissionne et s'abandonne aux plaisirs nocturnes et éphémères avant de revenir une nouvelle fois auprès de Sara et Vieira dans l'objectif de convaincre Julio Fuentes de mettre son journal au service de Vieira pour empêcher que l'Explint – multinationale ayant mis le président au pouvoir – ne réussisse à mettre Diaz, son candidat, au pouvoir. Après une nouvelle campagne, un nouvel assassinat et une nouvelle crise politique, Paulo Martins quitte le palais pour mourir sous les balles et tenter en vain, dans une dernière exaltation lyrique, de concilier poésie et politique.

O Dragão Da Maldade Contra O Santo Guerreiro
(Antonio das Mortes)
Glauber Rocha
Brésil 1969 NB, 125mn.

Antonio das Mortes est appelé à Jardim das Piranhas par le Dr. Mattos pour en finir avec Coirana et sa bande de *cangaceiros*. Dans le village, il va découvrir le drame individuel de chacun (Laura face à la lâcheté de son amant, le vieux colonel et son délire mégalomaniaque, le Dr. Mattos et ses ambitions politiques douteuses, le professeur romantique et sa conscience lucide) avant de vivre son propre drame : la découverte d'une proximité avec ces *cangaceiros* qu'il a toujours pourchassés et la nostalgie qu'évoque en lui Santa, la compagne de Coriana.

Macunaïma.
Joaquim Pedro de Andrade
Brésil 1969 Couleur 100mn.
Dans une hutte indienne naît Macunaïma à la peau noire. Paresseux, il ne se décide à parler qu'à l'âge de six ans, vivant avec ses frères Jigué le noir, et Maanape le blanc, il séduit involontairement Sofarà, compagne de Jigué, un peu sorcière, qui le transforme une première fois en prince blanc. Sofarà sera chassée par le frère et remplacée. Lors d'une période de disette, seul Macunaïma possède la connaissance d'un lieu sec où se trouvent des bananes. Il y emmène sa mère mais refuse que celle-ci partage les fruits avec ses frères. Excédée, sa mère l'abandonne. Errant pendant quelque temps, Macunaïma finira par retrouver le chemin de chez lui en annonçant qu'il a perdu une dent. « Présage de mort » dit la mère avant de mourir. Les trois frères décident de partir vers la ville. En route, un jet d'eau miraculeux transforme définitivement Macunaïma en un homme blanc. En ville, il connaîtra une femme qui fuit la traque des autorités : Ci, spécialiste d'explosifs. Leur amour se terminera par la mort de Ci et de leur enfant, victimes d'une bombe mal réglée. La lecture d'un journal apprend à Macunaïma que Venceslau Pietro Pietra a trouvé dans le ventre d'un poisson le Mouïraquitan, la pierre porte-bonheur que Ci portait autour du cou. Décidé à récupérer la pierre, Macunaïma et les deux frères élaborent différents stratagèmes pour approcher le géant Venceslau. Parvenus à leurs fins, les frères regagnent l'intérieur des terres. Macunaïma, toujours peu enclin au travail, sera abandonné par ses frères, racontera sa vie à un perroquet et finira par mourir dans l'étang où la bête mangeuse d'homme rôde sous l'aspect d'une charmante jeune femme.

Matou A Familia e Foi Ao Cinema
(Il tue sa famille et va au cinéma)
Julio Bressane
Brésil 1969 nb 78mn.
Un homme tue ses parents et part au cinéma assister à la projection de « Perdus à cause de l'Amour ». Marcia, lasse de son mari Artur,

part pour Pétropolis où vient la rejoindre une amie intime, Virginia. Au bout d'une nuit d'orgie, les deux jeunes femmes se suicident. Un homme est torturé à mort. Deux jeunes femmes qui s'aiment sont surprises par la mère de l'une d'elles et va en mourir. Une femme est assassinée ainsi que son bébé par l'homme qu'elle menace de quitter à cause de difficultés financières. Marcia racontera à Virginia un film qu'elle est partie regarder avec Artur et qui avait pour thème, entre différents crimes, celui d'une femme qui, lasse de son mari, part pour Pétropolis où vient la rejoindre une amie intime et où au bout d'une nuit d'orgie les deux jeunes femmes se suicident...

Como Era Gostoso Meu Frances
(Qu'il était bon mon petit Français)
Nelson Pereira Dos Santos
Brésil 1971 couleur 126mn.

Au cours d'une guerre opposant des Portugais à des Indiens, un Français se fait capturer. La coutume veut que les prisonniers soient mangés, mais le jeune Français va avoir droit à un temps de sursis parce qu'il leur promet de la poudre et possède des connaissances en artillerie qui s'avèrent utiles aux combats que livrent les Indiens Tupininquins. Le chef va lui offrir une épouse grâce à laquelle il s'intégrera à la communauté indienne. Il découvrira un trésor qu'il tentera d'échanger contre de la poudre (l'objet tant convoité par les Indiens et pouvant donc lui donner la liberté) auprès d'un vieux Français pratiquant le troc avec les Indiens, mais celui-ci, après l'avoir renié auprès des Indiens, tente en plus de voler son trésor ; le jeune Français tuera d'un coup de pelle le vieux. Un jour il essayera de s'enfuir et en sera empêché par sa compagne qui lui décochera une flèche et le retiendra ainsi dans cette prison. Il sera mangé au cours d'un repas rituel célébrant un nouveau combat indien.

São Bernardo
Leon Hirszman
Brésil 1972 Couleur 110mn.
Un homme, Paulo Honorio, raconte son histoire : après avoir assassiné l'amant de sa première compagne il fait trois ans de prison durant lesquels il apprend à lire et écrire. A la sortie, il travaille et ambitionne de devenir le propriétaire des terres de São Bernardo. Le propriétaire, Luiz Padilha, lui doit de l'argent et sous la pression de Paulo Honorio, il accepte de lui céder sa propriété. Il fait fructifier la terre, décide d'y construire une église et une école. Sur son entourage, Paulo Honorio exerce un pouvoir implacable. Il recrute Luiz Padilha comme enseignant et réfléchissant à une descendance propose à Madalena, intelligente et cultivée, un poste dans le but de s'approcher de la jeune femme et de l'épouser. Le mariage passé, Paulo Honorio se montre de plus en plus tyrannique envers ses employés – qu'il n'hésite pas à frapper – et envers ses proches. Sa volonté de puissance est telle que, ne pouvant maîtriser sa femme et les idées progressistes de celle-ci, il est victime d'un délire de jalousie qui finira par conduire la jeune femme à la mort. Deux ans après cette mort, Paulo repense à sa vie, à sa solitude actuelle – où ni même son jeune enfant ne représente à ses yeux un lien affectueux – et à l'époque où il ne rêvait pas encore de se transformer en cet « explorateur féroce » qu'il est devenu. Mais il sait que s'il lui était donné de recommencer, tout serait exactement pareil.

Joana Francesa **(Jeanne la Française)**
Carlos Diegues
Brésil 1973 Couleur 120mn.
Dans les années 30, Joana tient un bordel à São Paulo. Un de ses clients, dont la femme est très malade, lui propose de venir s'installer à Santa Rita dans la propriété familiale. Joana quitte São Paulo pour le suivre et découvrir une famille étrange, où la transgression va conduire la grand-mère à demander à Joana d'y mettre de l'ordre avant de mourir. Joana acceptera ce destin : elle tentera d'empêcher l'amour incestueux du frère et de la sœur, finira

par tuer l'enfant incestueux du fils avec la mère et se laissera mourir comme la grand-mère et Aureliano, après avoir consigné son histoire en lui donnant ainsi une dimension de destin inexorable.

Amuleto De Ogum **(L'amulette d'Ogum)**
Nelson Pereira Dos Santos
Brésil 1974 Couleur.
Un aveugle raconte aux voyous qui l'agressent l'histoire d'un homme au corps « fermé » :
A la mort de son père et de son frère, Gabriel se fait emmener par sa mère dans une cérémonie de *candomblé* où la protection du dieu *Ogum* sera implorée pour lui. A l'issue de cette cérémonie, Gabriel aura une amulette et son corps sera « fermé » : rien ne pourra l'atteindre, ni même les balles. 10 ans après, jeune adulte, Gabriel se rend à Rio à la recherche d'un chef de la pègre, Sévériano, qui accepte de le prendre. Chico de Assis le formera aux techniques de base et lorsqu'un jour, au cours d'une dispute entre les 2 hommes, Chico tirera sur Gabriel et verra que celui-ci ne meurt pas, l'évidence de son corps « fermé » sera admise. Encombrant après avoir tué un grand ponte du monde humanitaire sur les ordres de Séveriano, Gabriel deviendra à son tour une cible. Eneida, la maîtresse de Severiano, fuira avec lui. En fait celle-ci obéira aux ordres de Sévériano qui tentera de tendre des pièges à Gabriel et demandera à Eneida de tenter de découvrir son point faible ; la jeune femme se souviendra alors que Gabriel lui a confié un jour que tant que sa mère restera en vie, il ne pourra pas mourir. Les hommes de Sévériano rechercheront la mère et penseront l'avoir tué. Gabriel, en apprenant cette nouvelle, quittera sa retraite spirituelle et ira se venger. Tous vont mourir mais lui restera en vie car sa mère n'est pas morte. A la fin de son histoire, les voyous vont comprendre que l'aveugle est lui-même un homme au corps « fermé ».

***Iracema Uma Transa Amazonica* (Iracema)**
Jorge Bodanski
Brésil 1974 Couleur, 126mn.

Iracema, jeune prostituée, croise à Belem Tião Brasil Grande, un routier originaire du sud qui croit en la grandeur du pays. Après quelques jours il abandonne Iracema à son sort et reprend la route. Son discours, qu'il délivre à chacun des interlocuteurs croisés en chemin, est comme celui des autocollants qu'il colle sur son camion où celui des paroles des chansons qu'offre la bande-son : tout à la gloire d'un pays qu'il faut « aimer ou quitter ». Un jour il recroisera Iracema, son camion sera plus modeste, il ne transportera pas du bois précieux acheté à bas prix mais du bétail, la réalité sociale sera criante, Iracema aura vieilli prématurément et même perdu des dents, mais les discours de Tião Brasil Grande resteront les mêmes à la gloire d'un Brésil qui, selon lui, va de mieux en mieux.

Dona Flor E Seus Dois Maridos
(Dona Flor et ses deux maris)
Bruno Barreto
Brésil 1976 Couleur.

Un matin de carnaval, Vadinho, baratineur, séducteur et joueur invétéré, meurt effondré. Flor, sa femme, est inconsolable, car à sa façon elle sait qu'il l'aimait. Mais le temps passe et elle va épouser en seconde noce Téodoro, un pharmacien méticuleux, maniaque et respectueux. La vie de Flor est désormais tranquille et sans grande surprise, jusqu'au jour où Vadinho revient. Flor lui résiste et contacte Dionisia, une connaissance, pour lui raconter l'événement. Dionisia, initiée aux secrets du *Candomblé,* contacte le Père Jeronimo pour qu'un rituel soit fait afin que Vadinho soit renvoyé dans l'au-delà. Mais Flor a changé d'avis : elle veut garder ses deux maris.

Xica da silva
Carlos Diegues
Brésil 1976 Couleur.
Xica da Silva, esclave joyeuse et séduisante, attire à elle le nouveau responsable des richesses de Tijuco, João Fernandes. Comme ses prédécesseurs, il détournera des fonds à son profit. Eperdument amoureux de Xica, João fera d'elle une femme libre aux allures de dame de cour ce qui provoquera la jalousie de Dona Hortensia, la femme de l'Intendant. Cette dernière sera à l'origine de la venue d'un contrôleur de la cour qui ramènera avec lui João Fernandes, qui devra répondre de ses actes face à la cour et renverra ainsi Xica à sa condition d'esclave. Xica fuira et ira se réfugier là où autrefois elle avait caché son amant José, le fils de son premier maître, recherché pour complicité avec des bandits. Elle retrouvera, avec lui, sa joie et son goût pour l'amour.

Na Estrada Da Vida
Nelson Pereira Dos Santos
Brésil 1980 Couleur.
Deux hommes venus de leur province pensent trouver à São Paulo la gloire musicale. Ils se rencontrent à l'entrée de l'Hôtel des Artistes et se présentent l'un à l'autre comme étant des chanteurs confirmés et connus là d'où ils viennent. Le lendemain les deux hommes se retrouvent dans le chantier de construction. Ils décident de former un duo, vont enregistrer un disque mais ne connaîtront le succès qu'après avoir demandé à Notre Dame d'Aparecida sa protection. Leur disque passera d'abord sur Radio Aparecida et deviendra ensuite un tube. Après la gloire, les deux hommes veulent retourner chez eux pour montrer à tous ce qu'ils sont devenus.

Gabriela
Bruno Barreto
Brésil 1982 Couleur.
Après 40 jours de marche à travers le *sertão*, un groupe de paysans arrive dans un petit village à Ilheus. Gabriela qui fait partie de ce groupe va sur la place à la recherche d'un travail. Nacib, qui

cherche une cuisinière, l'engage. Dona Arminda, son amie, accueille la jeune femme et c'est une splendide créature que découvre Nacib. Une fois que celle-ci s'est reposée et arrangée de sa longue marche, Nacib tombe amoureux d'elle. Au village, les habitants commentent l'assassinat de Sinhazinha et Osmundo par le mari cocu, approuvant tous cette attitude virile et vengeresse, chacun y allant de sa note personnelle pour expliquer comment doivent être punies les femmes infidèles. Le village attend également l'ingénieur Romualdo Vieira venu appuyer la candidature d'un parti progressiste qui cherche à en finir avec l'ère des colonels, parti que représente Mundinho Falcão. Nacib, amoureux de Gabriela, l'épouse, mais très vite cette dernière se sent enfermée par Nacib, qui est devenu très jaloux. Elle va le tromper avec Tonico, un coureur de jupons, et lorsque Nacib l'apprendra il fera annuler le mariage pour vice de forme (Gabriela n'avait pas d'acte de naissance ni pièce d'identité) pour échapper ainsi à la pression qui voudrait qu'un homme cocu tue sa femme. Clotilde, une femme délaissée par son mari toujours en voyage, va s'amouracher de Josué et lorsque son mari l'apprendra, il la mettra simplement dehors, signe du changement des temps. Nacib et Gabriela, tristes, se retrouveront et le colonel assassin du début de l'histoire sera jugé et condamné au moment où l'on fêtera, au village, la victoire du nouveau parti.

Beijo Da Mulher Aranha
(Le baiser de la femme araignée)
Hector Babenco
Brésil 1984 Couleur.

Un homosexuel détenu pour détournement de mineur et un prisonnier politique se retrouvent dans la même cellule d'une sordide prison d'Amérique du Sud. Molina, le premier, pour s'évader, raconte au second des films qu'il a aimés. Valentin, le second, moins romantique, conteste la vision de la vie que possède Molina, son manque d'esprit critique, son ignorance des réalités historiques, politiques et sociales. Molina raconte encore et toujours et soigne même Valentin lorsque celui-ci, à la suite d'un empoisonnement, souffre de troubles digestifs. Molina est régulièrement convoqué par le directeur de prison et un commissaire qui lui rappellent qu'il peut quitter très vite cette prison s'il accepte de collaborer avec eux et d'obtenir de Valentin des informations sur son réseau. Molina revient de ces entretiens avec une série de mets délicieux qu'il dit à Valentin avoir été apportés par sa mère, et les deux hommes partagent comme une parenthèse de bien-être dans une cellule de prison. Finalement, n'obtenant pas grand-chose de Molina, le policier va avoir un plan : le libérer et le suivre, persuadé que Valentin lui demandera de transmettre un message ou d'entrer en contact avec un des siens. Molina une fois dehors est transformé par sa rencontre avec Valentin, et décide de rejoindre la lutte armée mais, étant suivi par la police, il sera tué par la camarade militante croyant à une embuscade. Valentin, torturé, sera pris en compassion par un infirmier qui lui administrera de la morphine : Valentin aura un dernier rêve au cours duquel Marta, sa fiancée, son héroïne, l'emmènera loin de cette prison et où il quittera cette île tropicale de la femme-araîgnée en espérant que Molina aussi s'en est finalement évadé.

Quilombo
Carlos Diegues.
Brésil 1984 Couleur.

Fuyant la captivité et la cruauté des maîtres, des esclaves gagnent le « *quilombo* » (regroupement collectif d'esclaves en fuite) de Palmares. L'arrivée de Ganga Zumba permet à Acotirene de se retirer. Ganga Zumba installe à Palmares un esprit d'égalité et de démocratie qui fait de ce lieu un lieu où se retrouvent des Blancs, des Indiens, des Noirs mais qui surtout provoque la haine tenace de Portugais et nobles au pouvoir. Le successeur de Ganga Zumba, Zumbi « celui qui ne meurt jamais » tentera en vain de sauver Palmares. Mais il ne survivra que dans le souvenir et la mémoire collective brésilienne.

A opera do malandro
Ruy Guerra
Brésil 1986 Couleur.

Max Overseas est un petit trafiquant qu'entretient Margot, l'attraction du Cabaret Hamburgo. Un soir qu'il part l'applaudir, Max lève son verre aux alliés américains en signe de protestation contre le soutien brésilien à l'Allemagne nazie. Cet acte provoque une bagarre et la mise à sac du cabaret. Lorsque le propriétaire Otto Strudell voit les dégâts, il décide de renvoyer Margot qu'il apprend être la maîtresse du responsable de la casse. Sur les conseils de Géni, un travesti amoureux de Max, ce dernier va séduire la fille Strudell pour se venger du père, mais Ludmila, la fille, n'est pas si naïve. Renvoyée du lycée pour avoir eu des relations avec un professeur, la jeune fille est enceinte et connaît la manière de séduire Max ; Elle lui proposera tout d'abord une association pour créer une entreprise d'import-export. Margot verra d'un mauvais œil la relation naissante, les deux femmes se disputeront, Margot retournera dans les bras de Tigrão, un ex-amant policier, reviendra à Max lorsque celui-ci lui demandera de l'attendre jusqu'à son retour de guerre. Mais comme le Brésil pendant la guerre, Max aura changé de camp. Et c'est Ludmila que Max épousera.

Um Trem Para As Estrelas **(Rio Zone)**
Carlos Diegues
Brésil 1987 Couleur.

Vina, saxophoniste romantique et amoureux vient d'obtenir un contrat pour remplacer un musicien absent du célèbre chanteur Cazuza. Il court l'annoncer à Dream son ami de toujours et Nicinha, sa petite amie. Cette dernière, après une nuit d'amour à la belle étoile, disparaît sans laisser de trace en laissant Vina à son désespoir. Il ira au commissariat, y croisera Freitas, un commissaire persuadé que chaque personne a quelque chose à cacher à la police. Celle-ci se mettra à la recherche de la jeune fille alors même que Vina lui demandera de laisser tomber. Entre temps, Dream demande à Vina de s'associer à un cambriolage, grâce auquel ce passionné des Etats-Unis pourra réaliser son rêve : quitter le Brésil et partir à

New York. Vina tente de le dissuader, mais Dream ne veut rient savoir. Il l'aidera finalement mais Dream y laissera sa peau : une balle l'a atteint et c'est à pied et en métro que les deux jeunes hommes tenteront de regagner leur quartier. Dream meurt dans le métro s'imaginant être dans un train qui l'amène vers les étoiles. Vina le laissera là, partira jouer son désespoir au club où il sera prévenu que Nicinha a été retrouvée : elle faisait partie d'un réseau de trafiquants de drogue. Vina demande au commissaire de lui permettre de venir l'entendre jouer sur scène, il accepte, les deux amoureux en profitent pour s'enfuir, mais ils vont comprendre qu'ils ne rêvent pas de la même vie et Vina acceptera qu'elle le quitte et continuera à rêver : d'accord, il ne fait pas naître le soleil au son de son saxophone, mais il annonce son existence.

Lamarca
Sergio Rezende.
Brésil 1994 Couleur.
Au cours d'un voyage militaire au Canal de Suez pour y assurer la paix dans la région, le capitaine Carlos Lamarca se convertit aux idées de gauche, à la vue d'un peuple miséreux et affamé qui le fait penser à son propre peuple. A son retour, il mènera la double vie de militaire et de guérillero. Il détournera des armes, formera des hommes, attaquera avec eux des banques afin d'obtenir de l'argent pour la révolution et tentera d'installer dans le *sertão* de Bahia, près du village d'un militant, Gerson, un camp d'entraînement pour former les paysans aux techniques de cette révolution. Au cours de ce parcours, sa femme et ses enfants, pour des raisons de sécurité, seront envoyés à Cuba. Lamarca tombera amoureux de Clara, sa compagne de combat. Séparé d'elle, il tentera de lui faire parvenir des lettres mais celles-ci seront interceptées par des militaires qui se rendront à son adresse pour la capturer. Clara se suicidera d'une balle dans le cœur. Lorsqu'il apprend la nouvelle, Lamarca perd la foi, déjà usé par la fatigue et la mise à sang du village de Gerson – où son père est torturé, le professeur s'est suicidé, deux autres compagnons ont été tués –. Il demande à Gerson de le quitter. Il refuse d'abandonner Lamarca, malade. Les deux hommes seront

retrouvés et tués par un militaire expert dans l'art de manipuler la population villageoise qu'il a su mettre à contribution.

Carlota Joaquina
Carla Camurati
Brésil 1994 Couleur.
Pour sortir Yolanda, une fillette d'une dizaine d'années, de sa bouderie, un homme lui raconte l'histoire de Carlota Joaquina, infante promise à devenir la princesse du Brésil :
Carlota, infante espagnole, reçoit le portrait de son futur époux, Dom João VI, et part pour le Portugal, accompagnée de sa servante Francisca. Arrivée là-bas, elle est plus que déçue en voyant son prétendant. Les années passent, Carlota, devenue une jeune femme, collectionne les amants et les enfants des uns et des autres. Possessive et colérique elle assassinera son amant jardinier en apprenant qu'il va se marier. Ayant hérité du trône du Portugal à la mort du roi, son père Dom Pedro III, et de son frère aîné Dom José, Dom João est un homme que tout effraye. Manipulé par son conseiller Anglais, Lord Stangford, il préfère quitter le Portugal par crainte de la Révolution Française et s'installer dans la colonie : le Brésil. Arrivé au Brésil, il exploitera au possible les richesses du pays en même temps qu'il gérera les infidélités de Carlota, en donnant des titres et des postes à ses amants afin de les éloigner d'elle. Stratégie des plus sûres puisqu'en effet, Fernando Carneiro Leão, dernier grand amour de Carlota, la quittera pour obtenir un poste à la Banque du Brésil. Désespérée, Carlota, devenue vieille et laide, le fera revenir et découvrira son ancien amant marié à une jeune et jolie femme. Folle de jalousie de haine envers celle-ci qui la nargue, elle la tuera. Dom João et Carlota rentrent au Portugal, en laissant au Brésil leur fils Pedro. Sur le bateau qui la ramène, Carlota, heureuse de quitter ce pays qu'elle déteste, ne voudra ramener du Brésil ni même la poussière contenue dans ses chaussures qu'elle jettera par-dessus bord. Au Portugal, certains penseront qu'elle est à l'origine de l'empoisonnement de Dom João, et sa tentative de mettre le fils qu'elle eut du jardinier sur le trône

lui vaudra d'être exilée 9 ans loin de la cour. Folle, Carlota se suicidera.

***Alma Corsaria* (Ame Corsaire)**
Carlos Reichenbach
Brésil 1994 Couleur et nb.

Un homme d'une cinquantaine d'années tente de se suicider en se jetant du haut d'un viaduc. Torres (la trentaine), qui passe par là, l'interpelle, l'en dissuade avec force (ils sont sur le point de se battre) et le quitte fâché par la réaction de cet homme qui lui dit de se mêler de ses affaires. Les 2 hommes se retrouvent au comptoir du « Bar des Esprits » tenu par un Chinois. C'est dans ce bar que sera fêtée la sortie du livre de Torres et Xavier. Le livre racontera le passé des deux amis, leur découverte de l'amour, leurs premières expériences, la dictature militaire, les joies et les peines de vies. A la fin du film lorsque tous les invités (à moins qu'il ne s'agisse des fantômes du passé ou créations oniriques du moment présent) auront disparu, la Mort, sous les traits d'une jeune femme en noir, plusieurs fois croisée par Torres, viendra chercher ce dernier pour l'emmener dans un lieu (l'autre coté d'un étang) où déjà Xavier l'attend et fait mine de lever un verre en clamant « *Evohé* ».

Sabado
Ugo Giorgetti
Brésil 1995 Couleur.

Un samedi, dans un immeuble historique construit dans les années trente pour abriter les plus grandes familles de São Paulo, mais entièrement délabré de nos jours, une équipe de tournage vient réaliser le clip publicitaire d'un parfum – *Winter* – qui *« transforme votre journée en une journée inoubliable »*. Magda et Aimar, deux des responsables de l'équipe attendent les autres et décident d'aller voir à l'étage des vitraux. Mais à la place des vitraux, c'est une revendeuse de drogue qu'ils trouvent. Magda apeurée ouvre la porte de l'ascenseur et s'y précipite sous le regard étonné de Naimar qui avait remarqué le cadavre d'un vieil homme. La porte de l'ascenseur se referme sur Magda, le cadavre, les deux hommes de la morgue et un simplet venu pour une fête en haut de l'immeuble. L'ascenseur se bloque entre deux étages et tandis que l'équipe commence le tournage sans se soucier outre mesure du problème de Magda, Aimar tente de trouver dans l'immeuble quelqu'un qui puisse débloquer l'ascenseur. Il va d'abord vers l'homme d'Alcatraz, un passionné de pigeons qui a transformé son appartement en immense cage. Celui-ci accepte de l'aider, et ils partent à la recherche de techniciens qui se trouvent en haut de l'immeuble où une fête et un barbecue viennent à peine de commencer. Au rez-de-chaussée, les acteurs sont maquillés, le plateau repas est servi et les habitants de l'immeuble râlent et s'entassent en attendant que l'ascenseur bloqué soit réparé ou que celui qui sert de décor au tournage soit libéré. Sur le toit de l'immeuble la fête se termine. Tonhão, gardien de l'immeuble toujours ivre, découvre dans l'appartement du mort d'anciennes lettres et photos ainsi qu'un uniforme SS qu'il enfile, content d'avoir enfin un uniforme qui fera de lui un vrai gardien. L'ascenseur sera enfin débloqué. L'équipe aura fini le tournage et Magda pourra enfin oublier cette journée en se jurant de ne plus jamais remettre les pieds dans le vieux centre ville.

O Quatrilho
Fabio Barreto
Brésil 1995 Couleur.
Dans les années 10, Térésa épouse Angelo. Après quelques temps dans le domaine familial, lorsque le jeune frère se marie, Angelo et Térésa recherchent leur propre terre, comme l'exige la tradition familiale. Angelo commence par trouver du travail sur la construction d'une voie de chemin de fer. Là, il connaît Rocco qui lui indique quelqu'un qui vend des terres, Ambrosio Bastiston, mais prévient qu'il faut se méfier et prendre quelques garanties avant de signer avec lui. Angelo associe son cousin Maximo à l'achat de la terre où ils installent un moulin à maïs, dont la farine sera vendue à Batiston. Térésa, romantique et délaissée, tombe amoureuse de Maximo marié à Pierina. Cette dernière, secrète et travailleuse, ne veut pas voir la liaison qui existe entre son mari et Térésa. Un jour

pourtant, Maximo, Térésa et la petite fille de Térésa partiront ensemble en leur laissant des voeux de bonheur. Choqué, Angelo se mettra à boire et demandera à Pierina de retourner chez sa mère. Pierina refusera, elle a ses parts dans la terre, elle ne veut pas vendre et elle croit qu'ils peuvent continuer à travailler ensemble. De cette association naîtra un nouvel amour qui choquera tout le village et fera d'eux et de leurs enfants des exclus. Angelo donnera à Ambrosio ce qu'il doit, prospérera et s'installera avec sa nouvelle famille à Caxias do Sul, où il fondera une banque. Un jour, quand le temps aura passé, Pierina recevra une lettre de Térésa lui envoyant une photo de la famille qu'elle a constituée avec Maximo et en lui demandant de rester son amie. Pierina répondra en envoyant elle aussi une photo de sa famille : comme dans le jeu de cartes « quatrilho », chacun aura trouvé un nouveau partenaire.

***Cinema De Lagrimas* (Cinéma des larmes)**
Nelson Pereira Dos Santos
Brésil 1995 Couleur.

Rodrigo refait ce même cauchemar dans lequel il voit sa mère rentrant un soir du cinéma, grelottante et en larmes, où après l'avoir embrassé et demandé pardon à Dieu, elle se tire une balle dans la tête. Ce cauchemar constitue un élément douloureux du passé de ce sexagénaire qui vit une déception professionnelle : l'échec de la pièce de théâtre le soir de la première. Il part voir un ami, Cosme, qui travaille à la cinémathèque de Rio où une rétrospective du Cinema novo est proposée, et lui parle de ses rêves et du désir de retrouver le film qui a tant bouleversé sa mère. Cosme lui conseille de partir à la Cinémathèque de Mexico. Rodrigo croise un étudiant, Yves, qui le félicite pour sa pièce et finit par l'emmener avec lui à Mexico. Là-bas, Yves commente les extraits de films en tentant d'y dégager leurs significations profondes et les mythes qui y sont associés. Rodrigo, en mal d'affection, tente de se rapprocher de Yves mais ce dernier le fuit et quitte Mexico. De retour à Rio, Cosme remet à Rodrigo un paquet laissé par l'étudiant à son attention. Une lettre lui expliquant qu'il a trouvé le film qu'il recherchait tant ainsi que l'explication de son comportement :

atteint du Sida, en phase terminale. Yves est peut-être déjà mort au moment où Rodrigo lit la lettre. Il avait profité du départ au Mexique pour se rapprocher des Etats-Unis où il pensait obtenir de meilleurs traitements de santé, d'où ses incessantes demandes d'argent, son évitement et ses retards. Il conclut la lettre en lui disant de prendre soin de lui et que la vie continue. Rodrigo, bouleversé, regarde la cassette vidéo que lui a laissée Yves et découvre un film dans lequel une mère aux mœurs légères, se faisant payer par les hommes, découvre un jour son enfant suicidé : *« Dieu punit les enfants des péchés des parents. »* dit le film. C'est en larmes que Rodrigo entre dans le noir d'une salle de projection de la cinémathèque qui passe *Deus e o diabo na terra do sol* de Glauber Rocha Il sourit en se souvenant probablement que la terre (comme la vie de chacun) « n'appartient ni à Dieu, ni au Diable ».

***Terra Estrangeira* (Terre lointaine)**
Walter Salles et Daniela Thomas
Brésil 1995 nb.

La mort de la mère de Paco conduit celui-ci à quitter le Brésil sur une proposition qu'un inconnu, Igor, rencontré dans un bar lui fait. Naïf, Paco semble ignorer qu'il s'agit de passer la frontière pour emporter avec lui un Stradivarius dont l'étui est rempli de diamants. Une fois arrivé à l'Hôtel des Voyageurs de Lisbonne, qu'il pense être une première étape avant de gagner le village natal de sa mère, Paco attend en vain Miguel, censé venir récupérer la valise contenant le violon. Grâce à Loli, qui connaît Miguel, Paco ira chez ce dernier où se trouve déjà la police qui transporte le cadavre du jeune homme. Par le biais d'une petite carte où figurent le nom d'Alex et une adresse, Paco ira à la rencontre de celle qui, pour se venger d'Igor, volera le violon pour le donner à un inconnu qui passe. Paco et Alex devront fuir ensemble, s'aimeront mais, retrouvé par Igor et l'homme de main de M. Kraft, Paco sera mortellement blessé et la jeune fille, qui réussit à blesser Igor, aura tout juste le temps de transporter Paco mourant sur ses genoux, dans la voiture, jusqu'à la frontière espagnole.

***Tieta Do Agreste* (Tieta du Brésil)**
Carlos Diegues
Brésil 1996 Couleur.

Après 26 ans d'absence, Tieta revient au village natal, les bras chargés de cadeaux. C'est une femme exubérante et généreuse qui mettra ce village sans dessus-dessous. Elle s'amourachera de son neveu Ricardo et apportera – par le biais de ses connaissances haut placées – l'électricité au village. Elle évitera qu'une usine de déchets ne s'installe à Mangue Seco où elle se fera construire une petite maison sur un terrain qu'elle aura échangé contre sa voiture de sport, pensant rester quelques temps dans le coin. Mais elle décidera de partir quand Ricardo lui annoncera qu'il est amoureux d'une jeune fille de son âge. Elle l'aidera financièrement (après avoir fait une immense scène de jalousie) et se verra vraiment contrainte de partir quand son affaire de bordel éclatera sur la place publique. Leonora, venue avec elle, restera au village avec Ascanio et ainsi comme 26 ans auparavant, c'est donc en solitaire qu'elle quittera une fois de plus son village natal.

Corisco e Dada
Rosemberg Cariry
Brésil 1996 Couleur.

Au bord d'une plage, à l'heure où les *Jangadas* arrivent de la pèche en haute mer, une femme raconte aux paysans qui l'entourent, le destin tragique de Corisco et Dada.

Corisco arrive un jour chez un paysan, M. Vincent, en le menaçant de mort pour avoir trop parlé. Finalement il échangera la vie de l'homme contre le droit d'emmener sa fille Dada avec lui pour en faire sa femme. Après l'avoir violée dans le *sertão*, il l'intègre à sa bande qui poursuit son périple. Dada n'éprouve alors que haine pour cet homme brutal. Corisco mettra deux ans à la conquérir et Dada finira par l'aimer et restera sa compagne jusqu'à sa mort. Alors que Corisco et sa bande croisent celle de Lampião, qu'Adéraldo l'aveugle vient projeter un film muet, que Benjamin Abrahão débarque pour demander l'autorisation de les filmer, et que des conflits entre des hommes de Lampião et de Corisco éclatent, les forçant à se séparer, Zé Ruffino, le chef de la Brigade Volante, est à la recherche de Corisco, qu'il a juré de tuer et Dada a de sombres visions du futur qui s'annonce. La mort de ses trois enfants, et la décapitation de Lampião et Maria Bonita annoncent la fin imminente du *cangaço*. L'étau se resserre sur elle et son compagnon. Il décident de quitter le *cangaço* et adoptent une fillette. Un jour, Zé Ruffino les retrouvera, et il tuera Corisco. La petite fille, devenue grande, racontera au bord de la mer, une vieille histoire du s*ertão*.

O Cangaceiro
Anibal Massaini Neto
Brésil 1997 Couleur.
Le vieux Tico retourne en prison à sa demande : « *dehors c'est l'enfer* ». A l'intérieur, un des gardiens, apprenant qu'il est un ancien *cangaceiro*, lui demande de lui raconter la vie au *cangaço* et de lui parler de sa mère, une *cangaceira* du nom de Maria. Tico se souvient... Il était un enfant lorsque les *cangaceiros* descendirent au village, Tico prévient Maria d'un tir qui lui est adressé et lui sauve ainsi la vie. Des balles se perdent et l'aveugle qui accompagnait Tico est mort. La belle Maria décide de l'adopter et de l'emmener au *cangaço* où tout est source de découverte et d'émerveillement. L'enfant remarque le lien entre Maria et Téodoro, qui l'évite en lui disant qu'elle est la femme de Galdino. Un jour d'affrontement avec les hommes de pouvoir d'un village, les *cangaceiros* kidnappent Olivia, la fille d'un politique et nièce du préfet. Elle sera gardée en échange d'une rançon et Téodoro veillera sur elle. Galdino prévient que seuls Tico et Téodoro auront le droit d'entrer dans la tente attribuée à Olivia. La rançon n'arrive pas, les *cangaceiros* changent de lieux de campements et Maria remarque l'effet que produit Olivia sur Téodoro. Elle prévient Téodoro qu'elle attend un enfant de lui, mais il refuse de la croire et tombe amoureux d'Olivia avec laquelle il décide de s'enfuir lorsqu'il apprend qu'elle sera mise aux enchères si la rançon n'arrive pas. Pendant ce temps, le chef de la brigade Volante qui pourchasse les *cangaceiros* est enfin vaincu et c'est maintenant Galdino qui va pourchasser Téodoro avec ses

hommes pour le punir de l'avoir trahit. Olivia et Téodoro se quitteront au bord du fleuve São Francisco où un passeur amènera Olivia près de chez elle. Triste de quitter Téodoro, elle lui donnera ce qu'elle possède, sa croix, et lui demandera de la rejoindre un jour. Finalement, la bande de *cangaceiros* retrouvera Téodoro. Galdino tirera la dernière balle qui achèvera Téodoro sous les yeux attristés de Maria et de Tico qui prendra un revolver et pour tuer Galdino.

« *Tu as tué mon père alors ?* » demande le gardien.

- *non, c'est Galdino qui a tué ton père, Téodoro* ».

Et les deux hommes unis par une même histoire s'embrasseront fraternellement.

Os Matadores
Beto Brant
Brésil 1997 Couleur.

Frontière Brésil/Paraguay, Alfredão, vieux tueur à gages, accompagné du jeune Toninho, est sur le point de se faire éliminer par ce dernier. Pensant attendre un homme qu'il aura à abattre, il évoque le souvenir de Mucio, ancien partenaire paraguayen devenu le meilleur tueur de la région mais qui s'est fait abattre. Toninho est nerveux. Des flashs-back alimentent l'histoire : Mucio entretenait une relation avec Helena, la femme du grand chef, Carneiro, qui fut découverte et rapportée par Toninho. Alfredão a alors été payé pour abattre son partenaire et ami Mucio, dans une chambre d'hôtel. Aujourd'hui, c'est à son tour : Carneiro a payé Toninho pour qu'il élimine Alfredão, vieux et inefficace depuis la mort de Mucio. Mais Toninho, malgré toute sa concentration et son entraînement, ne parviendra pas à tuer Alfredão. Au bout de la longue nuit d'attente, lorsqu'il pointera enfin son arme sur Alfredão, celui-ci, d'abord surpris, le préviendra que si son arme automatique s'enraye, comme ces armes automatiques ont l'habitude de le faire, alors c'est lui qui mourra, car Alfredão ne le manquera pas. Tendu, Toninho, laissera filer Alfredão.

***A Ostra e o Vento* (l'huître et le vent)**
Walter Lima Junior
Brésil 1997 Couleur.

Des marins débarquent sur une île qu'ils viennent approvisionner régulièrement. Parmi eux se trouve Daniel, qui autrefois a habité l'île avec José le gardien de phare, et sa fille Marcela qu'il a vu grandir et à qui il a appris à lire. Accompagné aujourd'hui de Pepe, ils remarquent que le phare est éteint et que l'île est déserte. Ils cherchent, avec deux autres marins, Marcela, José et Roberto, un jeune homme simplet et épileptique que Pepe a ramené autrefois sur l'île pour travailler au nettoyage et à l'entretien de la maison et du phare. Daniel trouve, par terre, le vieux journal intime de Marcela et va le lire pour trouver des indices sur ce qui est arrivé... Tout y est consigné : la vie avec son père de plus en plus hostile à la laisser connaître le continent, la vie avec Daniel qui lui explique la vie et lui apprend à écrire et à lire, les allées et venues de Pepe et ses marins, la vieille radio en panne qui un jour s'est mise à fonctionner le court instant d'une vieille chanson française, le renvoi de Daniel par José de plus en plus méfiant envers ceux qui s'approchent d'elle et l'arrivée de Roberto. Daniel y lit l'isolement profond de cette fillette qui tombe amoureuse du vent et qui va projeter de tuer son père pour être libre : il suffira de faire un trou dans le fond d'une barque et convaincre son père, en pleine tempête nocturne, d'aller sauver des naufragés qui crient au loin. Sur l'île, Pepe et les marins découvrent les corps noyés de José et Roberto. C'est l'heure de repartir, mais Daniel décide de rester pour attendre Marcela. Il monte au phare et meurt d'un arrêt cardiaque, laissant tomber le journal intime de Marcela.

***O Que é Isso Companheiro* (Four Days in September)**
Bruno Barreto
Brésil 1997 Couleur.

En 1968, alors que la dictature militaire est installée au Brésil depuis quatre ans, l'Acte Institutionnel N°5 mettant fin à la liberté de la presse et aux droits des citoyens vient d'être décrété. Fernando, jeune militant de gauche, décide avec son copain Cesar d'entrer dans la lutte armée. Artur, un autre ami proche, lui, refuse : il a une carrière d'acteur de théâtre et il n'a pas envie de risquer sa vie. Fernando est intégré au groupe Mouvement Révolutionnaire du 8 octobre en même temps que César (mais ils prétendent ne pas se connaître) et deux autres jeunes gens. Marcão, qui les accueille, les rebaptise, Fernando deviendra Paulo, Cesar s'appellera Osvaldo, la fille s'appellera Renée et l'autre garçon Julio. Maria, à la tête du mouvement, leur sera présentée. Elle les entraînera au tir, à la discipline révolutionnaire. Ils iront ensemble braquer une banque. Cesar, pourtant bon tireur, hésitera à tirer sur un policier qui pointe son arme vers lui et sera ainsi blessé, s'effondrant sur le trottoir alors que les autres partent en voiture. Il sera capturé et torturé par les militaires. La presse censurée ne faisant aucune mention des braquages de banque, Fernando a alors une idée pour sortir la presse de son silence forcé : kidnapper l'ambassadeur américain Charles Elbrick et exiger, contre sa libération, celle de quinze prisonniers politiques. Pour les aider dans la mise en œuvre de l'idée de Fernando, Maria fait appel à deux experts de la révolution urbaine : Tolédo, un vieux révolutionnaire ayant participé à des actions lors de la guerre civile espagnole, et Jonas, qui se présente d'emblée comme le chef du groupe disant qu'il donne les ordres et n'accepte aucune discussion. Il s'agira tout d'abord d'établir l'itinéraire emprunté par la limousine de l'ambassadeur. Renée séduira le portier et chef de la sécurité de l'ambassadeur pour connaître cet itinéraire. Le plan pourra ensuite être mis en œuvre, l'action va durer quatre jours. Un mois après, Maria et Fernando sont capturés. Huit mois après leur capture, ils font partie, ainsi que Marcão, Renée et Julio, des prisonniers politiques libérés et en partance pour l'Algérie, réclamés en échange de la libération d'un autre ambassadeur kidnappé.

***Baile Perfurmado* (Bal Parfumé)**
Lirio Ferreira et Paulo Caldas
Brésil 1997 Couleur 94.

A la mort de Padre Cicero, dans les années 30, Abrahão quitte Juazeiro et se rend à Fortaleza pour convaincre Adémar, propriétaire d'Abafilm, de l'opportunité de son projet : partir à la recherche de Lampião pour le filmer. De négociations en rencontres, il arrivera jusqu'au célèbre *cangaceiro*, fera son film et des photos. Après une courte période de reconnaissance auprès des journaux et de ses amis, le film d'Abrahão sera censuré. Abrahão, endetté et seul, sera menacé par Liborio, son garant qui entend bien récupérer son argent, et finalement assassiné par Pedro, le mari jaloux d'Auxiliadora, belle jeune femme de la pension de Dona Arminda.

***Acão entre amigos* (l'engagement)**
Beto Brant
Brésil 1998 Couleur.
Osvaldo refait ce même cauchemar : jeté du haut d'un hélicoptère en pleine mer, son corps attaché est englouti par les flots. Paulo, dans sa voiture, râle à cause des embouteillages et assiste impuissant à l'agression armée dont est victime la voiture devant la sienne. Miguel félicite le parlementaire qu'il assiste et qui vient de gagner une élection. Eloi, dans un champ de course, prend des paris. Quatre amis de toujours partent à la pêche que leur a organisée Miguel, une pêche spéciale : capturer Correia, le tortionnaire du passé, et le tuer. Découvrant son visage sur une photo prise lors d'un *meeting* à São Paulo, Miguel a fait son enquête : l'homme n'est pas mort, il vit caché dans la petite ville vers laquelle ils se dirigent. A l'annonce du projet de Miguel, chacun revit douloureusement le passé de militant révolutionnaire des années de dictature : capturés lors d'un braquage de banque, emprisonnés et torturés, les mauvais souvenirs subsistent mais aucun des trois amis de Miguel ne veut le suivre dans le projet fou de tuer un homme. Au final Miguel réussira à convaincre Paulo et Eloi. Osvaldo demandera à être déposé à la gare pour repartir à São Paulo pendant qu'ils exécutent Correia, le tortionnaire d'hier mais également d'aujourd'hui, en disant à Miguel qu'un d'eux les a donnés et permit ainsi de les capturer le jour de l'attaque de la banque. Miguel devient fou, pointe son arme sur Paulo, sur Eloi, puis s'en va tuer Osvaldo à la gare. Eloi avouera à Paulo, dans la camionnette qui

tente de suivre celle de Miguel pour empêcher le pire, que c'est lui qui a trahi pour sauver son père retenu et torturé par les hommes de Correia. La camionnette sort de la route, Paulo est grièvement blessé, Eloi sort en sang et se dirige à la gare pour constater qu'Osvaldo a été tué par Miguel qui se fait emmener par la police.

Central do Brasil
Walter Salles
Brésil 1998 Couleur.
Dora vit des lettres qu'elle écrit, sans forcément les envoyer, en tant qu'écrivain public à la Gare Centrale de Rio de Janeiro. Une femme lui demande d'écrire une lettre pleine d'amertume au père de son enfant de 9 ans qui l'accompagne. Le soir venu, Dora et son amie Irene font le tri des lettres : certaines seront postées, d'autres déchirées et d'autres mises dans un tiroir. Le lendemain, la femme de la veille, toujours accompagnée de son fils Josué, revient soulagée d'apprendre que la lettre n'a pas encore été envoyée, et demande d'en écrire une autre bien plus douce disant au père de Josué qu'elle vient lui présenter son fils. Cette femme va se faire écraser par un bus juste au moment où elle s'apprête à quitter la gare. Josué, seul et sans famille, va d'abord vers Dora, qui le rejette, puis se reprend le lendemain en voyant l'enfant endormi à même la terre. Perdrão, le surveillant de la gare, va proposer à Dora de vendre cet enfant à une famille qui l'enverra ensuite vers les USA ou l'Europe dans une famille en attente d'adoption. Le soir, Josué va chez Dora, fait la connaissance d'Irene et découvre le tiroir de lettres. Lorsque le lendemain Dora emmène, avec Perdrão, Josué chez Yolanda, la femme qui achète les enfants, Josué achève de faire confiance aux adultes. Avec l'argent gagné dans la transaction Dora achète une télévision et lorsqu'Irène comprend d'où vient l'argent de la télé, elle laisse son amie en disant que ces enfants vendus sont des victimes de trafic d'organes. Le lendemain, Dora récupère, de force et au risque de sa vie, Josué. Elle va alors l'accompagner sur la longue route qui l'amène au Nordeste. Josué ne verra pas son père, mais connaîtra et sera accueilli avec bonheur par ses deux frères aînés. Dora le laissera en famille et repartira en

car, transformée par cette rencontre et ce voyage au bout duquel elle a appris à aimer et à être en paix avec elle-même et ses souvenirs.

Minuit
Walter Salles et Daniel Thomas
Brésil 1998 Couleur.
Dans la prison de Rio, le vieux Vovo expose à João sa théorie : avec l'arrivée de l'an 2000, tout va changer : le 9 devient 0, l'autre 9 devient 0, l'autre 9 devient 0 et le 1 devient 2, tout va changer. Il va mourir avant de voir le passage à l'an 2000. João, avec la complicité d'un gardien, va s'évader et comprendre trop tard les conditions de son évasion – il devra trouver Chico, son ami, et le tuer – et le piège que lui tend le gardien – une fois Chico tué il sera à son tour l'homme à abattre –. Pendant ce temps, dans un immeuble de la ville, Maria, une jeune femme d'une trentaine d'années, donne à José, sourd-muet, un cours de langage des sons. José s'entraîne à répéter «bonne année ». La leçon sera interrompue par l'arrivée de Pedro, un homme d'âge mûr qui partage du temps avec Maria. Tourmenté, Pedro décide de rompre et laisse un mot à Maria disant que ce jour est pour lui l'occasion de prendre une décision importante. Maria ne supportant pas cette rupture tente par tous les moyens de le joindre, en vain, et décide alors de se suicider. Alors qu'elle se prépare à se jeter du haut de l'immeuble, Maria est retenue par João, caché là, après avoir tué Chico et fui le gardien de prison qui le pourchasse. Après s'être débattue et avoir refusé d'écouter João lui expliquer qu'avec l'arrivée de l'an 2000 tout va changer puisque le 9 devient 0, l'autre 9 devient 0, l'autre 9 devient 0 et le 1 devient 2, les feux d'artifices illuminent la ville. Il est minuit, ils s'embrassent, passent la nuit sur le toit, et au matin, un nouveau jour semble se lever pour eux. Maria veut aller se baptiser dans l'immensité de l'océan et alors qu'elle flotte sur les vagues de la mer, des bruits de coup de feu la tirent de l'eau : João vient d'être abattu. Elle pose une rose sur son corps, avance dans l'avenue et monte chez elle pour ouvrir les volets et regarder vers l'horizon.

Orfeu
Carlos Diegues
Brésil 1998 Couleur.

Alors qu'au « Morro da Carioca », un bidonville de Rio, Orfeu, après une nuit d'amour dans les bras de Mira, compose une nouvelle chanson à la gloire d'un amour qu'il sent venir depuis longtemps, Euridice est dans l'avion qui l'amène à Rio à la suite du décès de son père. Arrivée à Rio, un taxi la conduit chez sa tante Carmen qui habite le bidonville. Dès son arrivée, Euridice est témoin d'un affrontement entre des voyous du bidonville et la police. Orfeu, compositeur de samba reconnu dans la ville, vient intervenir auprès d'eux afin qu'ils relâchent Piaba, petit consommateur de drogue. Lucinho, le chef de la pègre locale, ancien copain d'Orfeu, le remercie. Lorsque plus tard Euridice est présentée à Orfeu, ce dernier comprend qu'il s'agit de celle qu'il attend depuis toujours. En même temps que cet amour qu'elle tentera d'abord de fuir, Euridice découvrira les préparatifs du carnaval et du grand défilé de l'école de Samba « Unis de la Carioca » pour laquelle Orfeu compose les chansons et qui ont valu à l'école deux succès consécutifs. Euridice sera témoin de la mise à mort d'un homme accusé du viol d'une gamine. Traumatisée, elle en parlera à Orfeu pour le convaincre de quitter le bidonville. Orfeu affrontera Lucinho en lui demandant de quitter les lieux dès la fin du carnaval. Par accident, Lucinho va tuer Euridice, dont le corps aura le même destin que ceux qui sont tués au bidonville : être jeté du haut du bidonville pour échouer dans un gouffre de boue. Apprenant la mort de son aimée, Orfeu ira trouver Lucinho, le suppliera de lui dire où la revoir, et comprenant qu'il l'a tuée il s'approchera et prendra le revolver de Lucinho, pour, dans un même moment, l'embrasser et le tuer. Il descendra dans le gouffre, remontera avec Euridice, appellera son nom et au cœur du bidonville, Mira, aidée par la main de Carmen, lui donnera la mort. Quelques secondes après, la radio locale annoncera que l'école de Samba « Unis de la Carioca » a gagné le défilé pour la troisième fois consécutive.

Hans Staden
Luiz Alberto Pereira
Brésil-Portugal 1999 Couleur 1'32mn.
Parti dans la forêt à la recherche de son esclave, Hans Staden se fait capturer par les Tupinambas qui le prennent pour un Portugais ennemi. Durant quelques mois, il sera traité en hôte, il aura même droit à une compagne indienne, mais dès le début de sa capture, il est prévenu : il sera mangé. La captivité de Hans est alors l'occasion pour lui de trouver toutes sortes de moyens pour échapper au funeste destin qui l'attend. Se prétendant Français, il va prédire, au cours d'une pleine lune, épidémie et maladies. Alors que la population indienne est effectivement décimée par la maladie, Hans est envoyé dans un village voisin, le village d'Abati-Posanga, qui va le traiter comme un fils. Hans usant de ruse et de la complicité de Français va réussir à partir en jurant au grand chef qu'il reviendra.

TABLE DES MATIERES

L'HARMATTAN, ITALIA
Via Degli Artisti 15 ; 10124 Torino

L'HARMATTAN HONGRIE
Könyvesbolt ; Kossuth L. u. 14-16
1053 Budapest

L'HARMATTAN BURKINA FASO
Rue 15.167 Route du Pô Patte d'oie
12 BP 226
Ouagadougou 12
(00226) 76 59 79 86

ESPACE L'HARMATTAN KINSHASA
Faculté des Sciences Sociales,
Politiques et Administratives
BP243, KIN XI ; Université de Kinshasa

L'HARMATTAN GUINÉE
Almamya Rue KA 028
En face du restaurant le cèdre
OKB agency BP 3470 Conakry
(00224) 60 20 85 08
harmattanguinee@yahoo.fr

L'HARMATTAN CÔTE D'IVOIRE
M. Etien N'dah Ahmon
Résidence Karl / cité des arts
Abidjan-Cocody 03 BP 1588 Abidjan 03
(00225) 05 77 87 31

L'HARMATTAN MAURITANIE
Espace El Kettab du livre francophone
N° 472 avenue Palais des Congrès
BP 316 Nouakchott
(00222) 63 25 980

L'HARMATTAN CAMEROUN
BP 11486
(00237) 458 67 00
(00237) 976 61 66
harmattancam@yahoo.fr

575798 - Septembre 2014
Achevé d'imprimer par